Nebenbei selbständig

www.humboldt.de

Weitere aktuelle Ratgeber bei Humboldt:

Beruf

ISBN 3-89994-006-7	Der Erfolgsturm – Der richtige Weg um mehr zu erreichen
ISBN 3-7081-9992-8	Erfolgreiche Kundenbindung
ISBN 3-7081-9994-4	Erfolgreiche Werbung für Existenzgründer
ISBN 3-7081-9974-X	Geschäftskorrespondenz von A-Z
ISBN 3-7081-9968-5	Existenzgründung für Frauen
ISBN 3-89994-820-3	Taschenlexikon der Wirtschaft
ISBN 3-89994-005-9	präsentieren und überzeugen
ISBN 3-89994-825-4	Buchführung – Schritt für Schritt
ISBN 3-89994-000-8	Ratgeber erfolgreiche Unternehmer

Lebenshilfe & Psychologie

ISBN 3-89994-884-X	Gedächtnistraining: Verflixt, das darf ich nicht vergessen! *(Stiftung Warentest: Sehr gut!)*
ISBN 3-89994-889-0	Gedächtnistraining, Verflixt, Band 2, Buch + CD

Gesundheit und Medizin

ISBN 3-89994-839-0	Überlebenshandbuch für Allergiker
ISBN 3-89994-003-2	10 Jahre jünger, 10 Jahre schöner
ISBN 3-89994-865-3	Akupressur – schmerzfrei ohne Tabletten
ISBN 3-7081-9859-X	Aktiv gegen Cellulite
ISBN 3-89994-004-0	Mit Messer und Gabel gegen Krebs (in Zusammenarbeit mit der Deutschen Krebshilfe)
ISBN 3-7081-9897-2	Keine Macht dem Stress!
ISBN 3-89994-949-8	Aktiv gegen Übersäuerung
ISBN 3-7081-0101-4	NUAD- die traditionelle Thai-Massage
ISBN 3-89994-011-3	Der Tinnitus Helfer Buch + CD-ROM
ISBN 3-89994-944-7	Homöopathieratgeber Schwangerschaft und Stillzeit

Freizeit und Hobby

ISBN 3-89994-832-7	Patiencen legen
ISBN 3-89994-823-8	1 x 1 der Kartenspiele
ISBN 3-89994-829-7	Skat - Regeln und Tipps
ISBN 3-89994-010-5	Digitalfotografie - Das große Einsteigerbuch

Information und Wissen

ISBN 3-89994-007-5	Linkshändig? Rat & Information, Tipps & Adressen
ISBN 3-89994-009-1	Lexikon der Lebensmittel-Etiketten
ISBN 3-7081-9960-X	Lebensweisheiten berühmter Philosophen
ISBN 3-89994-826-2	Teste Deine Intelligenz
ISBN 3-89994-904-8	Das große Buch der Musterbriefe
ISBN 3-7081-9958-8	Die schönsten Reden für Familienfeiern
ISBN 3-7081-9957-X	Die schönsten Reden für Hochzeit und Hochzeitstage

Nebenbei selbständig

Ratgeber für Selbständige in Teilzeit

Von Karin Leppin und Konar Mutafoglu

verlegt bei Humboldt

humboldt
Der RatgeberVerlag

Humboldt-Paperback (ht) 4038

Die Autoren:

Karin Leppin lebt in Berlin und ist seit zehn Jahren Journalistin. Sie arbeitete acht Jahre davon neben Studium und Beruf selbständig für verschiedene Zeitungen und Zeitschriften, sowie für das Fernsehen. Ihre Schwerpunktthemen sind: Unternehmensgründungen, Karriere-Themen und Wirtschaftsberichte aus den neuen Bundesländern. Inzwischen ist sie als Vollzeit-Selbständige im Journalismus tätig und gibt nebenbei Gründerseminare.

Konar Mutafoglu lebt in Göttingen. Er ist Wirtschaftswissenschaftler mit den Schwerpunktthemen Steuern, Finanzen und Versicherungen und befasst sich auch mit wirtschaftspolitischen Fragestellungen.

Hinweis für den Leser: Alle Angaben wurden von Autoren und Verlag sorgfältig geprüft. Dennoch kann eine Gewährleistung nicht übernommen werden.

4. aktualisierte Auflage 2007

humboldt ist ein Imprint der Schlüterschen Verlagsgesellschaft mbH & Co. KG, Hans-Böckler-Allee 7, 30173 Hannover
www.schluetersche.de

Umschlagfoto: Gettyimages
Fotos im Innenteil: ccvison
Redaktion: Annegret Weber
Druck: Artpress Druckerei GmbH, Gewerbegebiet, A-6600 Höfen
www.artpress.at

Printed in Austria

ISBN 978-3-89994-038-1

www.humboldt.de

Inhalt

0

Einleitung Oder: Schwimmen lernen ...

Sie erfahren:

- Welche Informationen Sie in diesem Buch finden werden
- Welche Vorteile eine nebenberufliche Gründung hat und worauf Sie sich einstellen sollten
- Für wen dieses Buch am besten geeignet ist
- Wie Sie das Buch lesen sollten, damit es Ihnen am meisten nützt

Mit einem Kopfsprung in unbekanntes Gewässer? Man kann das mutig nennen. Oder leichtsinnig. Sicherer ist es allemal, erst das Ufer auszutesten und langsam mehr zu riskieren. Eine Strategie, die sich auch bei einer Existenzgründung lohnt: Mehr als die Hälfte aller Existenzgründer in Deutschland gründen nebenbei. Sie bauen sich Schritt für Schritt eine Existenz auf, ohne gleich den Job aufzugeben oder Familie oder Studium zu vernachlässigen. Erst wenn sie sich sicher sind, wagen sie den Kopfsprung.

In unserem Buch *Nebenbei selbständig* zeigen wir Ihnen, wie Sie den Balance-Akt zwischen Job, Familie und Gründung schaffen können. Sie lesen, wie es andere geschafft haben und welche Voraussetzungen Sie erfüllen sollten. Sie finden spezielle Tipps und Hinweise zur Gründung als „Nebenjob“. Mit Hilfe von Checklisten und Übungen erfahren Sie, woran Sie denken müssen und wie Sie typische Fallstricke umgehen.

Risikobewusstsein hat Vorteile: weniger Pleiten von einst nebenbei geführten Unternehmen

Zuerst die guten Nachrichten: Untersuchungen zeigen, dass Geschäfte, die nebenbei begonnen wurden und irgendwann zu einem so genannten Vollerwerb ausgebaut werden, im Schnitt länger am Markt bestehen bleiben als Vollzeitgründungen. Kein Wunder! Die Gründer wachsen mit ihrem Unternehmen. Sie lernen hinzu und wenden ihr Wissen gleich an. Anfängerfehler lassen sich bei kleineren Geschäften mit geringen Investitionen besser verkraften. Und wenn das Geschäft und damit die Verantwortung wächst, ist auch der Erfahrungsschatz des Gründers größer.

Dennoch werden nebenberufliche Gründer bei Banken, Beratungsstellen oder von der Politik weniger ernst genommen. Für die meist sehr geringen Anfangsinvestitionen ist es schwerer, Kredite und Fördermittel zu bekommen, als für größere Projekte. Wer im flachen Wasser Schwimmen lernt, wird belächelt. Wer gleich einen Kopfsprung wagt, gefördert. Und auch beim Finanzamt kann es Probleme geben: Dieses unterstellt zuweilen „Liebhaberei“ – das heißt, die Arbeit wird nicht als Firmentätigkeit anerkannt, sondern als eine Art Hobby angesehen, dessen Kosten nicht steuerlich abzugsfähig sind. Wir zeigen Ihnen, worauf Sie achten sollten, welche Fördermittel Sie bekommen können und wie Sie sich und Ihre Idee richtig verkaufen.

Wer klein beginnt, muss wachsen können. Wie ein Esstisch sollte auch Ihre Firma leicht ausbaufähig sein. Finden Sie heraus, ob Sie einen Hemmschuh im Firmen-Konzept haben, der Sie später behindern kann!

Was Sie in diesem Buch erwartet und wie Sie es lesen sollten

Schließlich finden Sie Antworten auf wichtige rechtliche und finanzielle Fragen, die speziell nebenberufliche Gründer beachten müssen: Welche Besonderheiten gibt es für die Gründung „durch die Hintertür"? Was müssen Sie Ihrem Arbeitgeber mitteilen? Welche Konsequenzen hat die Gründung für Steuern, BAföG, die Krankenversicherung oder Arbeitslosengeld?

Unsere Leser haben, wenn sie das Buch zur Hand nehmen, sehr unterschiedliche Voraussetzungen. Manche haben schon ein paar Schritte im eigenen Unternehmen gemacht und wollen sichergehen, dass sie nichts vergessen haben. Andere haben sich gedanklich schon intensiv mit ihrer Idee beschäftigt und wissen genau, was sie tun wollen – nur noch nicht wie. Wieder andere beginnen gerade erst, darüber nachzudenken.

Wir haben das Buch für solche Leser geschrieben, die eine grundlegende Idee davon haben, was sie in ihrem Geschäft tun wollen, aber noch nicht begonnen haben, sie umzusetzen. Wir gehen davon aus, dass Sie schon ungefähr wissen, welche Art von Service oder welches Produkt Sie anbieten wollen. Wenn Sie noch nicht wissen, womit Sie sich selbständig machen wollen, ist das Buch dennoch für Sie interessant – Anregungen und Geschäftsideen tauchen immer wieder auf.

Wenn Sie schon weiter sind, werden Ihnen manche Informationen bekannt vorkommen, und manche Tipps haben Sie längst umgesetzt. Doch auch Ihnen sei empfohlen, diese Passagen zu lesen. Denn gerade Gründer im Nebenberuf kommen bei den Gründungsberatungen zu kurz. Auch die schriftlichen Informationsmaterialien sind nicht auf sie ausgerichtet. Wir werden Sie mit Hinweisen auf weiterführende Informationen im Buch oft vor- und zurückverweisen. Das lässt sich leider nicht vermeiden, da Gründer gewissermaßen zwar an viele Dinge gleichzeitig denken müssen – wir aber natürlich diese Dinge nur nacheinander aufführen können.

Wir gehen davon aus, dass Sie Grundkenntnisse im Umgang mit Computern haben und Zugang zum Internet. Ohne solche Kenntnisse ist eine Gründung – gerade wie wir sie beschreiben – nur schwer durchführbar. Im Internet erhalten Sie fast alle Informationen, die sie zusätzlich brauchen. Die meisten kostenlos. Auch Ihre künftigen Kunden (vor allem, wenn es sich dabei um Firmen handelt) sind im Internet zu Hause. Sie nutzen überwiegend E-Mail-Verkehr, um Aufträge zu erteilen oder Anfragen zu stellen. Schließlich nutzen immer mehr Menschen das Netz wie ein besseres Telefonbuch. Deshalb sollten Sie nicht nur mit dem Internet umgehen können, sondern auch mit einer eigenen Seite darin zu finden sein. Sollten Sie bisher keine Erfahrungen mit dem Internet haben, empfehlen wir Ihnen daher dringend, einen Kurs zu besuchen oder sich die ersten Schritte von Freunden zeigen zu lassen. Sie werden schnell merken, dass es keine große Hürde darstellt. Sie können den Umgang damit in kürzester Zeit erlernen. Uns selbst – also die Autoren dieses Buches – finden Sie übrigens auch im Netz: Unter **www.nebenbei-selbstaendig.de** können Sie Informationen zu diesem Thema und interessante Links finden. Außerdem ist es einfach per E-Mail möglich, Kontakt mit uns aufzunehmen.

Bei unseren Geschäftsideen und den Lösungskonzepten haben wir uns ausschließlich auf solche konzentriert, die für Nebenberufler typisch und handhabbar sind. Wenn Sie sich mit einem klassischen Ladengeschäft selbständig machen wollen oder von Beginn an im größeren Stil mit mehreren Mitarbeitern gründen wollen, sollten Sie unbedingt weitere Literatur durcharbeiten und Berater konsultieren. Einige Tipps dazu finden Sie im Buch.

Und noch ein Hinweis: Wir haben die vorliegenden Informationen und Ratschläge mit größtmöglicher Sorgfalt recherchiert und überprüft. Dennoch können wir keine Gewähr für die Richtigkeit und Vollständigkeit übernehmen. Dazu kommt: Momentan werden gerade bei Unternehmensgründungen, aber auch im Bereich Krankenkasse, Renten- und Sozialversicherung viele gesetzliche Regeln verändert. Somit kann es passieren, dass bestimmte Informationen in einigen Monaten so nicht mehr gelten.

1

Nebenbei selbständig: Wollen Sie es wagen?

Oder: Wir stehen am Ufer ...

Was Sie in diesem Kapitel erwartet:

- Sie erfahren, was das Besondere an nebenberuflichen Gründungen ist und wie viele Menschen sich nebenberuflich selbständig machen
- Sie realisieren, was dabei auf Sie zukommt
- Sie finden Informationen darüber, was Sie können sollten und was Sie lernen können
- Sie bekommen Hinweise darauf, wo Sie sich beraten lassen können
- Sie prüfen sich und Ihre Idee anhand einer ganz normalen Arbeitswoche

Eine Idee verändert Ihr Leben

Am Anfang steht oft ein kleiner Gefallen, den Sie einem Bekannten erweisen. Vielleicht können Sie gut mit dem Computer umgehen und Ihr Onkel, von Beruf sagen wir Malermeister, bittet Sie, den Briefkopf für sein Geschäft zu entwerfen oder seine Homepage zu gestalten. Vielleicht können Sie gut backen und Ihre Freundin „bestellt" Ihren berühmten Streuselkuchen nach „Großmutters Art" für ihre Familienfeier. Vielleicht werden Sie gerufen, wenn Ihr Nachbar ein Problem mit der Wasserleitung hat und kein Handwerker mehr zu erreichen ist.

Erinnern Sie sich – plötzlich war da eine Idee: Könnte man mit so etwas nicht Geld verdienen? Einen Computer-, Back- oder Hausmeisterservice gründen? Ein Gedanke, der Sie seither ständig begleitet – immer, wenn der Chef nervt, es an Geld fehlt, Ihnen zu Hause die Decke auf den Kopf fällt oder der Job so eintönig ist, dass selbst die Steuererklärung eine interessante Abwechslung wäre. Was, wenn ich es einfach versuche?

Manchmal begeistert Sie der Gedanke so sehr, dass Sie sofort loslegen wollen – manchmal nehmen Ihnen die Zweifel jeglichen Mut: Was, wenn es schief geht? Wird es genug Geld bringen, um davon zu leben? Sollte ich für ein solches Wagnis meinen guten Job aufgeben? Wer wird sich um die Familie kümmern, wenn ich im Stress bin?

Sicherheit oder Risiko? Sicherheit UND Risiko!

Jeder Gründer kennt diesen Zwiespalt. Dem Zweifel nachgeben oder Mut beweisen? Sicherheit oder Risiko? Ein neuer Start oder der alte Trott? Keine so schwierige Entscheidung, denn schließlich können beide Seiten gewinnen. Gründen Sie mit Sicherheit UND Risiko – mit einer Selbständigkeit als Nebentätigkeit.
Das ist keinesfalls ungewöhnlich. Von den 1,43 Millionen Menschen, die sich 2004 selbständig gemacht haben, starteten mehr als die Hälfte im Nebenerwerb. Tendenz steigend. Sie behalten ihren Job und arbeiten nach Feierabend im eigenen Unternehmen. Sie sind noch Studenten oder Schüler und denken an später. Oder sie kümmern sich um die junge Familie und bauen ganz langsam ein Geschäft auf. Viele tun dies in der Hoffnung, dass einmal mehr daraus wird: eine eigene Existenz, vielleicht sogar eines Tages ein mittleres Unternehmen mit Angestellten.

Drei Jahre dauert es durchschnittlich, bis die Gründer den Schritt in die volle Selbständigkeit wagen, ergaben Untersuchungen. Andere Nebenerwerbsgründer genießen ganz bewusst und dauerhaft die Abwechslung zwischen der Arbeit in einer Firma und einem „selbstbestimmten" Solo-Nebenjob. Für viele ist es aber auch eine Spielweise, um sich selbst auszutesten. Bin ich für die Selbständigkeit geeignet? Gründungsberater berichten immer wieder von Menschen, die es sich am Anfang nicht zutrauten, in die volle Selbstständigkeit zu wechseln, und heute erfolgreiche Unternehmer sind.

Die ersten Schritte sind – verglichen mit Vollerwerbsgründungen – beinahe kostenlos. Gründer im Nebenjob räumen das Gästezimmer oder den Hobbyraum im Keller um und arbeiten meist von zu Hause aus. Für den Start reichen oft ein Schreibtisch, der private PC, das Familien-Telefon und viel, viel Zeit.
64 Prozent der Nebenerwerbsgründer kommen mit ihrem privat Ersparten aus und brauchen kein zusätzliches Geld, 10 Prozent haben einen Finanzierungsbedarf von weniger als 1.000 Euro, und weitere acht Prozent benötigen weniger als 5.000 Eur, ergab eine Studie des Bundesfamilienministeriums.

Definition

Die richtigen Begriffe kennen

Zuerwerb oder Nebenerwerb – Wozu gehören Sie?

Es gibt zwei Arten von nebenbei geführten Unternehmen: „Selbständigkeit im Zuerwerb" und „Selbständigkeit im Nebenerwerb". Als **Zuerwerb** wird Ihr Unternehmensgewinn gesehen, wenn Sie kein anderes Einkommen haben, sondern zum Beispiel einen Haushalt führen, Kinder erziehen, zur Schule gehen oder studieren. Selbständige im **Nebenerwerb** haben ein anderes Einkommen, den so genannten Haupterwerb. Sie sind also Angestellte (auch halbtags) oder führen noch ein anderes Unternehmen.

Bevor es losgeht: Zwei Tipps

Lassen Sie sich nicht einreden, dass Sie auf dem falschen Weg sind: Wenn Sie sich in den kommenden Wochen und Monaten auf Ihre Selbständigkeit nebenbei vorbereiten und Freunden, Bekannten oder professionellen Ratgebern von Ihrer Idee berichten, werden Sie immer wieder auf Menschen stoßen, die Ihnen davon abraten. Viele Menschen glauben nicht, dass eine Selbständigkeit nebenbei zu schaffen ist, andere halten die Zeiten oder die wirtschaftliche Lage für zu schlecht. Die nächsten zweifeln an Ihrer Idee selbst. In unserer Gesellschaft existiert noch vielfach ein Bild von Selbständigkeit, das von einem Einzelkämpfer ausgeht, der den größten Teil seiner Zeit ausschließlich der Geschäftsidee widmet und darüber Freunde, Familie und Gesundheit vernachlässigt. „Wer selbständig ist, ist selbst und ständig“, heißt es oft. Dies trifft inzwischen längst nicht mehr zu. Immer mehr Menschen wählen die Selbständigkeit auch deshalb als Lebensform, weil sie sich nicht in großen Firmen zwischen den Karrieremühlsteinen zerreiben lassen wollen. Oder weil sie neben dem Ziel, Geld zu verdienen, auch noch andere Ziele haben – etwa schöpferisch tätig zu sein oder mehr Zeit für die Familie zu haben. Umfragen zeigen, dass solche Selbständigen viel zufriedener mit Ihrem Leben sind. Auch oder gerade weil sie keine Umsätze in Millionenhöhe machen. Seien Sie offen für fachliche Kritik – aber lassen Sie sich nicht von jedem, der sich berufen fühlt, Ihnen Ratschläge zu geben, den Wind aus den Segeln nehmen.

Bereiten Sie sich gut vor, aber lassen Sie die Finger von Perfektion: „Der schlimmste Feind von gut ist besser“ – denken Sie immer an diesen Spruch. Versuchen Sie gar nicht erst, alles perfekt vorzubereiten oder den idealen Zeitpunkt für die Eröffnung zu suchen. Denn es wird Ihnen nicht gelingen. Die Zeiten für eine Gründung sind nie perfekt, man sollte es einfach tun, wenn man eine Idee hat und Lust darauf, sie umzusetzen. Fast ist es damit wie mit dem Kinderwunsch. Wartet man mit dem Kinderkriegen immer auf bessere Zeiten, darauf, dass man mehr verdient, dass man in der Firma gut dasteht, dass man ein Haus hat und so weiter, wird es leicht zu spät.

Und auch perfekte Geschäftsideen sind selten. In unserer Kultur kann man kaum noch davon sprechen, dass ein Produkt fehlen würde. Wenn Sie sich erfolgreiche Gründer der jüngeren Zeit anschauen, dann haben sie fast alle bestehende Ideen oder

Produkte verbessert, Services kombiniert, die bisher nur einzeln zu haben waren, oder mit Hilfe von moderner Technik Prozesse beschleunigt. Andere Gründer haben Ideen aus anderen Ländern abgeguckt oder ganz traditionelle Produkte anders an die Kunden gebracht – etwa über das Internet.
Was Ihre Vorbereitung betrifft: natürlich können Sie alle Bücher lesen, die Sie zu diesem Thema finden. Sie können jahrelang Betriebswirtschaftslehre studieren und sogar einen Doktortitel darin erwerben – und doch sind Sie nicht perfekt vorbereitet. Und eine Garantie für den Erfolg ist das alles erst recht nicht. **Die Kunst besteht darin, das richtige Maß zwischen guter Vorbereitung und gesundem Enthusiasmus zu finden.** Sie müssen die rechtlichen Rahmenbedingungen in groben Zügen kennen. Denn Unwissenheit schützt vor Strafe nicht, wenn Sie hier Fehler machen. Und Sie sollten wissen, was Sie können, was andere bieten und was Sie erreichen wollen, bevor Sie Ihr Geschäft für den ersten Kunden öffnen. Wir zeigen Ihnen, wie das geht. Viele andere Kenntnisse sammeln sich mit der Zeit an. Sie werden natürlich Fehler machen. Wichtig ist nur, dass Sie diese erkennen und daraus lernen. Fangen Sie einfach an. Der Zeitpunkt kann nicht besser sein ...

Und los geht es: Gleich mit den ersten zwei Schritten

Der allererste Schritt für Ihr eigenes Unternehmen hat – an diesen Gedanken werden Sie sich gewöhnen müssen – mit Geldausgeben zu tun: Gehen Sie los und kaufen Sie sich ein Notizbuch, einen Ordner und ein paar farbige Stifte (und heben Sie die Quittung dafür auf). Sie sollten das Notizbuch in den kommenden Tagen und Wochen immer bei sich tragen (wählen Sie also eines, das nicht zu groß ist). Bei der Lektüre dieses Buches, aber auch von anderer Literatur, in Gesprächen mit Freunden, beim Essen und selbst des Nachts werden Ihnen Gedanken in den Sinn kommen. Dinge, an die Sie denken sollten, Fragen, die sie klären müssen, oder Ideen, die vielversprechend sind. Das alles sollten Sie sich unbedingt notieren und ausstreichen, wenn Sie sich um den Punkt gekümmert haben. Schreiben Sie auch Wünsche und Hoffnungen auf, die Sie mit der Gründung verbinden. Dieses Büchlein ist vorerst wichtig als Arbeitsplan. Später wird es interessant, um Ihre Motive von heute zu überdenken. Viel, viel später wird es eine lustige Erinnerung sein – heben Sie es sich also unbedingt auf.

Und wer weiß? Vielleicht ist es eines Tages sehr viel wert und wird versteigert – als Gründungsdokument einer Firma mit Schwindel erregenden Umsätzen.
Und der zweite Schritt? Dieser kleine Einkauf war Ihre zweite Betriebsausgabe. Sie können die Kosten für Hefter, Stifte und Notizheft am Jahresende von Ihrem zu versteuernden Einkommen aus der Selbständigkeit abziehen und damit Ihre Steuerlast verringern. Denn die Kosten, um eine Firma zu gründen, werden steuerlich genauso behandelt, wie die Kosten, die eine Firma nach ihrer Gründung verursacht. Und selbst, wenn Sie Ihre Pläne nach einer Weile verwerfen, können Sie sie absetzen – schließlich kann sie niemand zwingen, mit Ihrer Gründung Erfolg zu haben. Auch das Finanzamt nicht. Ihre erste Betriebsausgabe ist übrigens das Geld, dass Sie für unser Buch ausgegeben haben. Hoffentlich haben Sie die Quittung noch? Auch falls Sie sie nicht mehr haben: Das Buch kostete 12,90 Euro. Es gehört auf die Ausgabenseite Ihrer Firma – mit dem Hinweis „ohne Beleg". Der Beweis, dass Sie die Ausgabe getätigt haben, ist das Buch selbst.

Halten Sie es von Anfang an am besten immer so mit Ihren Belegen: Schreiben Sie alle Ausgaben, Fahrtstrecken und Telefongespräche genau auf – mit Anfangs- und End-Kilometer bzw. Zählerstand (solange Sie Ihre private Telefonleitung benutzen). Dies erleichtert später Ihre Steuererklärung und Buchfüh-rung und kann als Gründungstagebuch dienen. Und noch ein Tipp für Ihre eigene Statistik: Schreiben Sie sich auf, wie viele Stunden Sie mit der Gründung verbringen.

So ganz nebenbei?
Was bei einer Gründung auf Sie zukommt

Gründer im Nebenjob haben meist einen sichereren Start und scheitern seltener als andere. Klingt gut – oder? Wer im Nebenerwerb selbständig ist, kann die Vorteile aus beiden Formen vereinen: die Sicherheit, dass Wohnen, Essen und Co. aus dem Hauptjob bezahlt sind, und die spannende Möglichkeit, etwas Eigenes aufzubauen oder einen lang gehegten Traum zu verwirklichen, den ersten Schritt in die Unabhängigkeit zu machen. Doch bis dahin sind viele Klippen zu umschiffen. Um keine falschen Versprechungen zu machen: So ganz nebenbei läuft eine Gründung leider nicht. Eine Existenzgründung im Nebenjob ist zwar sicherer als eine volle Gründung – aber nicht leichter. Vor allem am Anfang müssen Sie sich auf eine erhebliche Arbeitsbelastung gefasst machen. Was

Sie zuerst brauchen, ist ein langer Atem. Wer nebenbei gründet, gründet langsamer. Bis die ersten Erfolge zu verzeichnen sind, können Monate oder gar Jahre vergehen. Fragen Sie sich genau, ob Sie Ihre Ungeduld zügeln können. Nach der eigentlichen Arbeit noch Energie für ein anders Projekt aufbringen zu können, erfordert erhebliche Selbstdisziplin und Flexibilität – selbst wenn Sie an Ihrem Arbeitsplatz auf eine halbe Stelle wechseln können oder Ihre Familie Sie bei der Hausarbeit unterstützt.

Nichts Halbes und nichts Ganzes

Viele Gründer im Nebenerwerb spüren vor allem eines: Sie fühlen sich zerrissen zwischen der Belastung bei ihrem eigentlichen Job und der Gründung.

Das Gefühl, alles nur halb und nichts Ganzes mehr zu machen, kann sehr quälend sein. Für Monate, vielleicht Jahre werden Sie an zwei Schreibtischen oder zwei Computern mit zwei völlig verschiedenen Aufgaben und vor allem zwei verschiedenen Rollen klarkommen müssen. Sie müssen Unternehmer und Arbeitnehmer zugleich sein oder Ihre Familienseite von der Geschäftsseite trennen. Sie werden Gelassenheit trainieren müssen und lernen, die Belastungen aus einem Bereich nicht auf den anderen zu übertragen.

Sollen wir das gleich einmal üben? Holen Sie tief Luft und schlucken Sie die Panik herunter, die sich nach dem Lesen dieses Abschnittes breit machen will: Mit einer guten Idee und der richtigen Strategie können Sie viele Schwierigkeiten verringern oder gar umgehen. Dabei wollen wir Ihnen helfen.

Es einfach wagen? Welche der zehn Erfolgsfaktoren bringen Sie mit?

Machen Sie gedanklich einmal einen Ausflug in Ihre Lebenswelt in – sagen wir – einem Jahr nach Ihrer Gründung. Stellen Sie sich vor: Es ist eine ganz normale Woche. Montags morgens klingelt der Wecker – natürlich früh, denn Sie haben viel vor. Was passiert in dieser Woche?

Beantworten Sie die folgenden Fragen mit „Ja“ oder „Nein“. Sie ahnen es, eine Menge Antworten mit „Ja“ bedeuten: Herzlichen Glückwunsch – die Voraussetzungen sind gut – legen Sie los! Aber auch „Nein“-Stimmen sind kein Problem. Mit unseren Tipps kann aus dem „Nein“ ein „Ja“ werden ...

Ihr Hauptjob verträgt sich mit der Gründung

Was passiert, wenn am Montagmorgen das Telefon klingelt und Ihr Bankberater auf dem Anrufbeantworter die Nachricht hinterlässt, dass er dringend noch in dieser Woche ein Gespräch führen möchte – werden Sie kurzfristig zu üblichen Banköffnungszeiten einen Termin finden?

Ja ☐ Nein ☐

Für die Gründung werden Sie vor allem eines benötigen: Zeit. Auch wenn Sie ein Nachtmensch sind – bestimmte Telefonate und Gespräche mit Banken, Behörden und Geschäftspartnern müssen Sie während der üblichen Geschäftszeiten führen. Können Sie das sicher planen und zuverlässig einhalten, oder funkt Ihr Chef gern dazwischen, oder haben Sie Schwierigkeiten, eine Betreuung für die Kinder zu finden? Wichtig ist auch: Schaffen Sie es, nach dem Job abzuschalten, oder nehmen Sie die Fragen des Tages gedanklich abends mit nach Hause und lassen sich um den Schlaf bringen – dann wird sich das auch auf Ihre Gründung auswirken. Für Gründer mit kleinen Kindern gilt: Schaffen Sie es, Freiräume einzuplanen? Ganz ohne Kinderbetreuung werden Sie Ihr Projekt nicht durchziehen können.

Ideal: Sie haben eine Teilzeitstelle, flexible Arbeitszeiten im Hauptberuf, ein großzügiger Chef, eine verständnisvolle und hilfsbereite Familie, flexible oder umfassende Kinderbetreuung oder Sie sind auch im Hauptberuf selbständig.

Zum Weiterlesen in diesem Buch:

- Was muss Ihr Arbeitgeber wissen? Kann er Ihnen eine Gründung verbieten? S. 52ff.
- Zeitmanagement: So bringen Sie alles unter einen Hut: S. 125ff.

Erfolgsfaktor 2

Sie haben Mut, einen langen Atem, einen starken Willen und Gründergeist

Montagabend, wenn Sie schnell noch zum Bäcker eilen, um ein Brot zu kaufen, hören Sie zwei Nachbarn über Sie lästern: „Der bildet sich schon seit einem Jahr ein, dass er selbständig ist – so ein Witz. Das wird doch nie was – so nebenbei.“ Schmerzt sie der Zweifel anderer? Kurz und gut – wollen Sie es wirklich? Selbständig sein mit allen Konsequenzen?

Ja ☐ Nein ☐

Eine Teilzeitgründung ist eine große Aufgabe, die man nur schafft, wenn man davon überzeugt ist, dass es klappt. Und zu der man nur dann genug Energie aufbringt, wenn man es wirklich will. Sie werden Menschen von Ihrer Idee überzeugen müssen und sicher belächelt werden. Das schaffen Sie nur, wenn Sie selbst begeistert sind. Gegen den inneren Schweinehund hilft es, sich die Gründungsvision in Erinnerung zu rufen und Zeitziele zu setzen.

Ideal: Die Vorstellung, auf eigenen Beinen zu stehen, macht Ihnen keine Angst, sondern ist Ihre Idealvorstellung vom Berufsleben.

Zum Weiterlesen in diesem Buch:

- Wenn alles schief läuft – Was Ihnen passieren kann und wie sie es verhindern: S. 40ff.
- Wie Sie aus einer Vision ein Konzept machen: S. 90ff.
- Wie Sie sich und ihre Idee präsentieren – der Geschäftsplan: S.91ff.

Erfolgsfaktor 3

Ihre Idee funktioniert in Teilzeit

Dienstag fällt einem potentiellen Auftraggeber Ihre Werbung auf. Er will Sie engagieren. Wird er Sie leicht erreichen oder gibt er entnervt auf?

Ja ☐ Nein ☐

Eine Selbständigkeit in Teilzeit zu führen, ist vor allem beim Kundenkontakt schwierig. Kunden können leicht vor verschlossenen Türen stehen, Geschäftspartner vergeblich anrufen. Wer vergeblich auf Rückruf wartet, nachdem er einen Spruch auf dem Anrufbeantworter hinterlassen hat, gibt sicher auf. Einige Ideen funktionieren hingegen sehr gut in Teilzeit. Vor allem Kundenkontakte per E-Mail sind ideal. Wie steht es mit Ihrer eigenen Idee? Wie werden Sie erreichbar sein?

Ideal: Ihr Service oder Ihre Aufgabe funktioniert eher langfristig, Sie können selbst bestimmen, wann Sie arbeiten. Sie können Arbeitszeiten ganz konkret absprechen (z.B. Unterrichtsstunden oder Termine). Sie haben regelmäßige Kunden, die Ihre Situation kennen und achten, Sie gründen mit (Teilzeit-) Partnern und können Bürozeiten aufteilen.

Zum Weiterlesen in diesem Buch:

- Wie können Sie Ihre Idee an eine Teilzeit-Selbständigkeit anpassen? S. 85ff.
- Welche Ideen hatten andere? Lesen Sie über Gründungsideen überall im Buch.

Erfolgsfaktor 4

Sie stehen finanziell auf sicheren Füßen

Mittwochmittag fällt Ihr Computer aus. Er hatte schon lange seine Macken, jetzt geht nichts mehr. Eine Reparatur oder Neuanschaffung ist fällig. Stehen Sie die Situation durch, ohne an den Rand der Insolvenz zu geraten oder Ihre Oma um eine Kredit zu bitten bzw. auf den Urlaub zu verzichten?

Ja ☐ Nein ☐

Kleingründungen sind oft ohne größere Anfangsinvestitionen möglich. Dennoch sind sie nicht kostenlos. Arbeitsgeräte müssen auf dem neusten Stand sein, Werbung und professionelles Auftreten kosten Geld. Doch solche Geldfragen dürfen Ihnen nicht die Energie für die eigentliche Aufgabe rauben. Finden Sie – auch über Durststrecken – Finanzierungshilfen? Haben Sie gespart? Gibt es Sicherheiten, die Sie einer Bank vorweisen können? Bringt Ihr Service genug Geld ein? Gründungsberater empfehlen, das benötigte Geld für mindestens drei Monate als Sicherheit vorzuhalten.

Ideal: Sie haben ein- bis zweitausend Euro, die Sie in die Firma investieren können (als Kredit, als Geschenk, aus Ersparnissen), und genügend Geld, um in schlechten Zeiten (die leider oft zu Beginn der Tätigkeit liegen) zwei bis drei Monate zu überbrücken. Oder Sie können von dem Geld aus Ihrer eigentlichen Beschäftigung die festen monatlichen Kosten (Miete, Telefon, Essen) für sich und Ihre Familie decken.

Zum Weiterlesen in diesem Buch:

- Was Ihr Service oder Ihr Produkt kosten muss, damit es sich trägt: S. 112

Erfolgsfaktor 5

Ihre Idee ist ausbaufähig

Ihr Bankberater hat Sie um einen kurzfristigen Termin gebeten, weil er Sie über eine günstige Finanzierungs- und Fördermöglichkeit informieren will, mit der Sie Ihr Geschäft sofort in einen Haupterwerb umgestalten könnten. Das Finanzielle ist geklärt – aber haben Sie auch genug zu tun?

Ja ☐ Nein ☐

Wer nebenberuflich gründet, kommt oft bald auf den Geschmack und möchte mehr. Denn inzwischen lässt sich das Risiko abschätzen, die Marktlage ist klarer und die Auftragslage entwickelt sich positiv. Doch wie wird aus ihrem Teilzeitgeschäft ein volles Unternehmen? Gibt es zusätzliche Aufgaben, die Sie übernehmen können? Besteht die Möglichkeit, mehr Kunden zu gewinnen? Solche Fragen sollten Sie sich auch schon bei den ersten Schritten stellen.

Ideal: Sie denken langfristig. Sie haben Partner oder Berater, auf die sie zurückgreifen können. Sie haben schon bei der Teilzeitgründung darauf geachtet, Wachstumsmöglichkeiten einzubauen.

Zum Weiterlesen in diesem Buch:

- Wie Sie Wachstumshemmnisse vermeiden und Ihre Idee ausbaufähig halten, erfahren Sie auf S. 140.

Erfolgsfaktor 6

Sie sind gut organisiert und haben kaufmännische Grundkenntnisse

Donnerstag kommt ein Brief vom Finanzamt: Sie sollen kurzfristig Unterlagen über die Buchführung des Vorjahres nachreichen. Das versetzt Sie bestimmt nicht in Panik, denn Ihr Büro ist tipptopp?

Ja ☐ Nein ☐

Eine Gründung – auch im Nebenberuf – kann nur erfolgreich sein, wenn Sie sich grundlegend mit Buchführung, Steuerfragen und Finanzfragen vertraut gemacht haben. Keine Angst – wie es geht, ist leicht erlernbar. Aber haben Sie auch Lust dazu? Selbst die beste Geschäftsidee funktioniert nicht, wenn Sie es immer aufschieben, Rechnungen zu tippen oder die Bücher in Ordnung zu halten. Dies wird einen großen Teil der Zeit einnehmen.

Ideal: Sie haben in Ihrer Berufsausbildung schon ein paar kaufmännische Kenntnisse erlernt und können das Wissen wieder hervorkramen. Sie haben keine Angst vor Zahlen und sind motiviert, sich in die Grundlagen einzuarbeiten oder einen entsprechenden Kurs zu besuchen. Sie gehören eher zu den organisierten Menschen und haben beispielsweise bei Ihren privaten Unterlagen alles im Griff – Sie wissen also immer, wo die Schulzeugnisse der Kinder, der Kaufvertrag für das Auto und die Bankauszüge liegen. Sie haben eine Freundin oder einen Bekannten, der sich mit diesen Sachen gut auskennt und Ihnen am Anfang unter die Arme greift, oder einen Partner in der Gründung, der hier seine Stärke hat.

Zum Weiterlesen in diesem Buch:

- Welche Kenntnisse Sie brauchen und wo Sie sie erwerben können, erfahren Sie auf S. 31f.

Sie sind ein Netzwerker

Erfolgsfaktor 7

Der Schreck über den Brief vom Finanzamt ist schnell verdaut, als Sie den nächsten öffnen: ein neuer Auftrag – aber ein besonders großer! Allein können Sie den jedoch unter keinen Umständen bewältigen. Können Sie den Auftrag annehmen?

Ja ☐ Nein ☐

Netzwerke und Partnerschaften sind wichtig für Gründer im Nebenberuf. Konkurrenzgedanken sind bei Ihrer Unternehmensgröße absolut fehl am Platz. Auch Geschäftsleute mit ganz ähnlichen Services können sich gegenseitig helfen. Ohne solche Netzwerke werden Sie leicht scheitern. Beispielsweise wenn Sie krank werden oder, wie oben beschrieben, Aufträge allein nicht bewältigen können. Das heißt aber auch, dass Sie Netzwerke pflegen müssen und dass Sie sich nicht als einsame Boje im Meer begreifen dürfen. Passt das zu Ihrer Vorstellung von der Geschäftsidee? Können Sie auch Menschen um Hilfe bitten? Arbeiten Sie gern mit Menschen zusammen und teilen Sie gern? Haben Sie Zeit eingeplant, Netzwerke aufzubauen?

Ideal: Sie sind es gewohnt, mit vielen Menschen gemeinsam Dinge auf die Beine zu stellen – sei es im Beruf oder im Ehrenamt. Sie haben schon oft die Erfahrung gemacht, dass man gemeinsam weiter kommt. Sie haben keine Angst, auf Menschen zuzugehen, und sind bereit, zu geben – auch wenn Sie nicht sofort etwas dafür zurückbekommen.

Zum Weiterlesen in diesem Buch:

- Wie Sie Partner finden und Netzwerke bilden und wie Sie die Zusammenarbeit organisieren können: S. 139f.

Erfolgsfaktor 8

Sie können sich leicht entscheiden

Freitagmorgen machen Sie eine kleine Inventur in ihrem Arbeitsraum, um für den großen Auftrag gerüstet zu sein. Es fehlen ein paar Schreibwaren: Druckerpapier und Briefumschläge. Im Katalog des Büroausstatters gibt es von allem zwanzig verschiedene Sorten – haben Sie diese Aufgabe in einer halben Stunde erledigt?

Ja ☐ Nein ☐

Im Geschäftsleben werden ständig kleine und große Entscheidungen notwendig. Sie müssen in der Lage sein, weniger wichtige Dinge effektiv und schnell abzuarbeiten. Wenn Sie mit der Entscheidung, ob sie Druckerpapier von Firma X oder von Firma Y bestellen sollen, eine Stunde zubringen, geht Ihnen wertvolle Zeit verloren, die Sie niemandem in Rechnung stellen können. Selbst, wenn Sie dabei 30 Cent sparen.

Ideal: Sie können leicht Wichtiges von Unwichtigem unterscheiden und sind es gewohnt, mehrere Dinge auf einmal zu tun – zum Beispiel als Mutter von mehreren Kindern.

Zum Weiterlesen in diesem Buch:

• Wie Sie mit Ihrer Zeit effektiver umgehen können: S. 125f.

Erfolgsfaktor 9

Ihre Familie steht hinter Ihnen

Es ist Freitag, spät abends. Doch bei Ihnen kommt keine Wochenendfreude auf – Sie werden wieder einmal Arbeit mit nach Hause bringen. Dort sind auf dem Anrufbeantworter zwei Nachrichten von Freunden, die Sie schon ewig nicht gesehen haben. Außerdem hatte Ihr Partner eigentlich vor, Sonnabend mit Ihnen ins Grüne zu fahren. Wie reagiert er oder sie auf die Absage? Verständnisvoll?

Ja ☐ Nein ☐

Ihre Umgebung wird in den Monaten nach der Gründung weniger von Ihnen haben. Das gilt vor allem für Teilzeit-Selbständige, da Sie ja auch ihrer eigentlichen Beschäftigung in gewohnter Qualität nachgehen müssen. Auch finanzielle Abstriche könnten vorübergehend notwendig sein. Das funktioniert nur, wenn Sie voll unterstützt werden und Ihre Familie oder Ihr Partner hinter der Idee stehen.

Ideal: Ihre Familie unterstützt Ihre Idee und Sie können darauf vertrauen, dass dies auch in schwierigen Zeiten der Fall ist. Vielleicht helfen sie sogar mit und übernehmen Aufgaben wie das Verteilen von Werbezetteln?

Zum Weiterlesen in diesem Buch:

- Über die Verbindung von Arbeit und Familie lesen Sie Hinweise auf S. 42, 127.
- Vielleicht ist ein Heim-Büro die Lösung? Pro & Contra auf S. 107f.
- Was Sie beachten müssen, wenn Sie Familienangehörige einstellen: S. 122.

Erfolgsfaktor 10

Sie denken langfristig

Sonntagnacht. Eine arbeitsreiche Woche liegt hinter Ihnen. Sie können nicht einschlafen und Ihre Gedanken kreisen um die Zukunft Ihres Unternehmens. Aber in welchem Zeitraum denken Sie? Denken Sie weiter als nur an die nächsten Tage?

Ja ☐ Nein ☐

Leicht geraten Gründer in eine Falle: Sie wirbeln wie ein Hamster im Laufrad immer im Kreis – ohne jedoch weiterzukommen, weil Sie vor lauter Alltagsproblemen den Blick für das Wesentliche verloren haben. Gründer im Nebenerwerb sind umso erfolgreicher, je langfristiger sie ihre Idee vorausplanen. Fünf Jahre sollten der Horizont sein, auch wenn das Geschäft noch so klein ist – genauso wie bei anderen Gründungen, empfehlen Berater. Wo stehen Sie also in fünf Jahren?

Ideal: Sie haben Phantasie und diese kleine Übung ist Ihnen ganz leicht gefallen. In Ihrer Phantasie sind Sie schon jetzt Inhaber eines florierenden Unternehmens – wenn Sie sich auf Ihrem Stuhl zurücklehnen, können Sie es sich ganz genau vorstellen, wie Sie in ein paar Jahren statt von einem vollen Schreibtisch von einer netten Sekretärin begrüßt werden ... Gleichzeitig sind Sie ein Mensch, der es nicht bei Phantasien belässt, sondern sich auf den Weg dorthin macht. Und zwar Schritt für Schritt.

Zum Weiterlesen in diesem Buch:

- Ein Geschäftsplan für die nächsten fünf Jahre – so bringen Sie Ihre Phantasien „in Form“: S. 90f.
- Ziele finden und erreichen: S. 129.

TIPP

Gründungsidee: Computerlehrer/in

Computer stehen heute überall – bei der Arbeit, in der Wohnung und selbst im Urlaub, wo sie Auskunft über Sehenswürdigkeiten vor Ort geben. Doch was, wenn man sie nicht bedienen kann? Wenn man regelrecht Angst vor ihnen hat? Vor allem ältere Menschen stehen vor diesem Problem und suchen nach geeigneten Kursen und Lehrern. Auch Senioren von über 80 Jahren wollen es oft noch einmal wissen und lernen, ihren Enkelkindern eine E-Mail zu schreiben oder im Internet zu recherchieren. Normale Computerschulen kommen für sie aus zwei Gründen nicht in Frage: Das Lerntempo ist zu hoch und die Inhalte sind viel zu kompliziert. Um gelegentlich eine Glückwunschkarte zu bedrucken, muss man nicht Experte in Textverarbeitung werden. Viele Menschen genieren sich auch, ohne Vorkenntnisse in einen Kurs mit vielen Teilnehmern zu gehen. Hier besteht Bedarf an geduldigen Lehrern, die das Talent haben, Kompliziertes einfach zu erklären: eine Gründungschance für die Selbständigkeit nebenbei. Statt spezialisierter Fachkenntnisse brauchen Sie vor allem soziale Kompetenz und Sie müssen in der Lage sein, technische Details in eine Sprache zu übersetzen, die Ihre Schüler verstehen. Denkbar sind Konzepte, bei denen Sie Ihre Schüler an deren eigenen Computern in deren Wohnung unterrichten oder Konzepte, bei denen Sie einen Schulungsraum einrichten oder mieten und Ihre Schüler zu sich holen.

Jeder möchte etwas anderes lernen und hat ein anderes Lerntempo, darauf müssen Sie sich einstellen können. An manchen Tagen geben Sie vielleicht zwei Unterrichtseinheiten, an

TIPP

manchen sechs, das lässt sich alles gut mit einer anderen Arbeit oder der Kindererziehung verbinden. Weitere Zusatzangebote sind: Einkaufsberatung und Begleitung zum Computerhändler, schneller Notdienst bei Computerproblemen Ihrer Schüler und Unterrichtskurse an der Volkshochschule oder bei anderen Bildungsträgern. Ihre beste Werbung ist die Weiterempfehlung.

Erfolgsfaktoren:

- **Vereinbarkeit mit dem Hauptberuf:** Stunden können abgesprochen werden – je nach Belastungen im eigentlichen Job.
- **Mut und Gründergeist:** Mit der Begeisterung der ersten Schüler wächst die Motivation. Sie tun etwas Gutes und haben einen Nebenverdienst. Das Risiko ist gering.
- **Idee trägt sich finanziell:** Durch den Einzelunterricht lernen die Schüler schneller. Das ist ihnen ein angemessenes Stundenhonorar wert. Ihre Preise müssen jedoch moderat sein. Kalkulieren Sie genau. Auch eine „Mischfinanzierung" ist denkbar: Mit Firmenschulungen können Sie mehr Geld verdienen – brauchen aber auch speziellere Kenntnisse. Die laufenden Kosten sind gering. Die Werbung funktioniert am besten über persönliche Weiterempfehlungen.
- **Idee funktioniert in Teilzeit:** Die Stunden werden abgesprochen. Die Kunden kon taktieren Sie per Telefon oder über andere Schüler. Achtung: Viele ältere Menschen sprechen nicht gerne auf Anrufbeantworter. Seien Sie Ihren Schülern gegenüber offen hinsichtlich Ihrer Teilzeit-Selbständigkeit und teilen Sie schon auf der Werbung mit, wann Sie gut erreichbar sind.
- **Idee mit Ausbaumöglichkeiten:** Mehr Schüler, Handel mit PCs, größeres Verbreitungsgebiet ...
- **Geringe Anfangsinvestition:** Für den Einzelunterricht ist nur ein PC nötig und ein Schulungsraum – dies kann ein ausgeräumtes Gästezimmer sein. Denkbar ist auch, die Schüler in deren Wohnung zu unterrichten. Nachteil: Diese verfügen nicht immer über die optimale Technik. Dies wiederum könnte als Zusatzservice gleich von Ihnen „behoben" werden.

Wie steht es in Zukunft?

- **Weiterbildungsintensiv:** Inzwischen lernen schon Kinder den Umgang mit Computern und viele junge Menschen kennen PCs aus dem Effeff. Künftig werden die Fragen immer spezieller sein. Die Gruppe derer, die gar keine Kenntnisse hat, wird kleiner.

TIPP

- Private Konkurrenz: Da viele junge Menschen den Umgang mit Computern gut beherrschen, können sie ihren Eltern, Großeltern oder Verwandten kostenlos helfen (wobei sie in der Regel zu ungeduldig sind).

Ähnliche Konzepte:

- Dozent/in für verschiedene Spezialthemen (je nach Berufsausbildung oder Studium) Geben Sie Schneiderkurse, Kochkurse, Töpfer- oder Schreiner-Kurse zum Beispiel auch für Kinder.

Was muss ich können und wissen oder lernen?

Für eine Gründung brauchen Sie im Prinzip weder einen bestimmten Studien- oder Berufsabschluss noch andere Voraussetzungen. „Im Prinzip“ deshalb, weil in vielen Berufsausbildungen Kenntnisse vermittelt werden, die das Gründen erleichtern: Buchführung, Grundlagen aus dem Geschäftsleben und und und. Wer diese nicht mitbringt, kann sie jedoch erlernen.

- Gut geeignet sind dazu Gründerkurse, wie sie das Arbeitsamt, Gründungszentren und private Bildungsträger anbieten. Manche werden finanziell gefördert und sind deshalb (fast) kostenlos. In der Regel werden mehrere Einzelveranstaltungen kombiniert: Kurse zur Buchführung, zum Marketing, zur Kundenwerbung, zum Internet und zur Kalkulation. Manche dieser Kurse sind auf Gründer in bestimmten Branchen zugeschnitten. Informationen über Kurse in Ihrer Nähe erhalten Sie über die örtliche Arbeitsagentur, die Industrie- und Handelskammern (IHK), Handwerkskammer und die kommunale Wirtschaftsförderung. Auch an Universitäten oder Berufsschulen werden mancherorts Kurse angeboten.
- Gründerberatungsstellen finden Sie im Internet oder über die oben genannten Stellen. Wenn Sie aus zeitlichen Gründen oder auf Grund der Entfernung zu Ihrem Heimatort nicht an solchen Kursen teilnehmen können, finden Sie Hilfe in Büchern und im Internet. Hinweise auf einführende Bücher geben wir Ihnen immer wieder in diesem Buch.
- Im Internet werden unter anderem vom Bundeswirtschaftsministerium Materialien herausgegeben, die Gründern einführendes Wissen vermitteln. Da ist zum Beispiel das Software-Paket für Gründer und junge Unternehmer, das man kostenlos unter **www.existenzgruender.de** bestellen oder herunterladen kann.

- Auf dem Deutschen Bildungsserver finden Sie wertvolle Links und Hinweise auf Online-Kurse, Webseiten und Institutionen zu allen Themen, zu denen Sie etwas lernen wollen. Einfach Suchwort eingeben unter **www.bildungsserver.de**. Experten und Kurse finden Sie auch unter: **http://www.gruenderinnenagentur.de** und **http://www.kfw-mittelstandsbank.de**.
- Wenn Sie persönlich diese Kenntnisse nicht haben oder sich nicht zutrauen, sich hier einzuarbeiten, bleibt die Möglichkeit, mit Partnern zu gründen, die hier mehr Erfahrung besitzen.
- Natürlich können Sie auch professionelle Helfer vom Buchhaltungsbüro bis zum Steuerberater beauftragen – dies verursacht jedoch Kosten. Außerdem werden Sie nicht in der Lage sein, erfolgreich ein Unternehmen zu führen, sei es auch noch so klein, ohne eine ungefähre Vorstellung darüber zu haben, wie es finanziell dasteht.

TIPP

Unverzichtbar für einen Unternehmer sind Grundkenntnisse in:

- Buchführung
- Steuern (Steuerarten, Absetzbarkeit von wichtigen Betriebsmitteln)
- Rechtliches je nach Geschäftszweck: Welche Pflichten haben Sie als Unternehmer, welche Rechte? Wo müssen Sie sich anmelden? Was gilt für Ihr Unternehmen bei der Haftung, bei der so genannten Gewährleistung (Garantie, Rücknahme etc. von Produkten)?
- Fernabsatzrecht bei Internet-Handel
- Internet und Grundlagen zum Betrieb einer gewerblichen Homepage
- Werbung, Marketing und Verkauf

Einiges werden Sie in diesem Buch lernen können. Jedoch nicht alles. Nehmen Sie vor allem die Punkte „Rechtliches“ und „Steuern“ nicht auf die leichte Schulter. Unwissenheit schützt Sie nicht vor Strafe, wenn Sie hier Fehler machen.

Damit Ihre Gründung ins Rollen kommt – machen Sie sich einen Zeitplan

Damit Sie sich nicht verzetteln und Ihre Gründung gezielt vorbereiten können, raten wir Ihnen, einen Zeitplan aufzustellen. Rechnen Sie am besten rückwärts – wann wollen Sie Ihr Geschäft eröffnen oder den ersten Kunden empfangen? Woran müssen Sie vorher unbedingt denken? Notieren Sie sich die Zeitpunkte, zu denen Sie diese Aufgaben abgeschlossen haben sollten, und kontrollieren Sie sich. Planen Sie gleich einen Tag ein, an dem Sie einen ersten Rückblick wagen. Am besten drei bis sechs Monate nach der Eröffnung.

Unser Vorschlag für Ihren Zeitplan:

Aufgabe	Wann soll das Ziel erreicht werden?	Ziel erreicht?
Familie eingeweiht		
Buch durchgearbeitet		
Weitere Literatur besorgt und gelesen		
Mit dem Arbeitgeber gesprochen		
Mit der Krankenkasse gesprochen		
Business-Plan fertig gestellt		
Finanzierung ist geklärt		
ggf. Anmeldung Gewerbeamt		
ggf. Anmeldung Finanzamt		
ggf. Qualifizierungen abgeschlossen		
ggf. Geschäftsräume angemietet		
Geschäftspapiere, Homepage, Logo fertig gestellt		
Erste Werbemaßnahmen angelaufen		
Eröffnungstag mit Eröffnungsfeier		
1. Rückblick – wo stehe ich?		

Beratung: Wer Ihnen hilft ...

Als Existenzgründer und zunehmend auch als Gründerin oder Gründer im Nebenberuf finden Sie umfangreiche Beratungsangebote in allen Städten und Kreisen in Deutschland. Vor allem Menschen mit Internet-Zugang steht eine unüberschaubare Anzahl von Seiten zur Verfügung, die sich mit dem Thema befassen.

Immer ist Vorsicht geboten:

- Auch unseriöse Anbieter tummeln sich im Netz und sind mit ihren professionellen Seiten oft schwer von seriösen Anbietern zu unterscheiden. Sie versuchen, aus Ihrer Gründungsabsicht Profit zu schlagen, indem sie Ihnen Versicherungen verkaufen oder unnötig viel Angst einjagen, die sie Ihnen als Berater gleich wieder zu nehmen versprechen. Keinesfalls ist jeder Gründungsberater, der Geld für seine Leistung verlangt, ein Scharlatan. Vorsicht ist lediglich bei Agenturen geboten, die Ihnen die Gründungsformalitäten abnemen wollen oder bei denen Sie ohne Beratungsgespräche teure Materialien kaufen sollen.
- Guter Rat kann teuer werden – informieren Sie sich erst über die Kosten. Fast überall gibt es Anlaufstellen für Existenzgründer, bei denen die ersten Beratungsstunden kostenlos sind, denn viele Experten erhalten Fördermittel für diese Aufgabe.

Eine kleine Auswahl soll Ihnen die Orientierung im Beratungsdickicht erleichtern. Wir haben außerdem Hinweise dazu, wie Sie auch ohne Internet Beratung und Hilfe finden können:

Erste Anlaufstellen: Hier finden Sie Beratung

- Die örtlichen Industrie- und Handelskammern, Handwerkskammern und Berufsverbände bieten Gründungsberatung an. Eine Liste aller IHKn finden Sie unter **www.ihk.de**, der Handwerkskammern unter **www.zdh.de.** Die örtlichen Kammern stehen auch im Telefonbuch.
- In vielen Städten gibt es Gründungsberatungsstellen, die gefördert werden. Manche haben sich auf Branchen oder eine bestimmte Klientel eingestellt.

• Für Frauen gibt es oft besondere Beratungsstellen. Diese sind darauf spezialisiert, die Lebenssituationen von Frauen – zwischen Kindererziehung und Karriereplanung – zu berücksichtigen und wissen deshalb meist auch über nebenberufliche Gründungen sehr gut Bescheid.
• Bei den Arbeitsämtern gibt es Hinweise auf externe Berater, aber auch eigene Anlaufstellen für Existenzgründer.
• Lassen Sie sich von erfahrenen Unternehmern beraten: **www.althilftjung.de**.
• Für Existenzgründungen aus Hochschulen: **www.exist.de**
• Vor Ort finden Sie Vereine, Netzwerke und Beratungsstellen. Informationen finden Sie unter anderem im Wirtschaftsförderungssamt Ihrer Stadt- oder Kreisverwaltung.

Zum Weiterlesen:

• Heft „Starthilfe: Der erfolgreiche Weg in die Selbständigkeit“, Bundesministerium für Wirtschaft und Arbeit, umfangreiche Quellenhinweise (Adressen, Ansprechpartner, Informations und Beratungsstellen, Internet-Quellen) und
• Heft: „Ich-AG und andere Kleingründungen“, BMWA, incl. CD-ROM.
• Beide kostenlos unter **www.existenzgruender.de** zu beziehen.

2

Zweifel erlaubt: Wie Sie Risiken erkennen und Chancen nutzen

Oder: Wir tauchen den großen Zeh ins Wasser ...

Was Sie in diesem Kapitel erwartet:

- Sie erfahren, welche typischen Fehler Teilzeit-Selbständige machen und wie Sie diese vermeiden können
- Sie setzen sich mit den Gefahren und Risiken auseinander, die schlimmstenfalls auftreten können, und lernen dadurch, den „Worst Case" einzuschätzen
- Sie erfahren, wie Sie verhindern können, dass der schlimmste Fall eintritt

Zweifel erlaubt

Sind Sie neugierig geworden – oder eher unsicher? Am besten beides. Denn gesunde Zweifel sind nicht nur erlaubt, sondern wichtig, um realistisch zu bleiben. Wir wollen Ihnen in diesem Kapitel zeigen, was die Gefahren und Schwierigkeiten einer Gründung nebenbei sind. Natürlich in der Hoffnung, Ihnen die Ängste nehmen zu können – aber auch, um übertriebene Erwartungen zu dämpfen. Wir werden typische Gefahren vorstellen und Wege, wie man sie umgehen kann. Wir werden Ihnen erklären, was ein „Worst-Case-Szenario" ist und wie sie es nutzen können, um sich mit Chancen und Risiken gezielt zu befassen.

Keine halben Sachen: Gefahren kennen und vermeiden

Viele Gründer im Nebenjob wollen am liebsten einfach loslegen, weil sie das Risiko für überschaubar halten. Der erste Auftrag ist oft schon vorhanden und später kann man ja immer noch sehen, wie es weitergeht. Dabei können Sie bei einer guten Vorbereitung von Anfang an mehr gewinnen als verlieren.

Bereiten Sie Ihre Gründung genauso gut vor, als wollten Sie hauptberuflich gründen. Damit beweisen Sie sich und Ihrer Umwelt am besten, dass Sie es wirklich ernst meinen!

Diese Vorbereitung schaffen Sie am besten, indem Sie Hilfe suchen, sich gezielt weiterbilden und Beratungsangebote in Anspruch nehmen. Kurse zu kaufmännischen Themen zahlen sich aus. Für Beratungen ist es außerdem niemals zu früh. Schon über Ideen können Sie mit Gründungsberatungen sprechen. Dort werden Sie auch als nebenberufliche Gründer ernst genommen.

Glauben Sie nicht, Sie können es alleine schaffen. Nehmen Sie Hilfe in Anspruch und finden Sie heraus, was Sie zusätzlich lernen müssen.

Gerade nebenberufliche Gründer lassen ihr „Geschäft" oft erst einmal inoffiziell laufen. Aus der Scheu vor dem Aufwand der Anmeldung (der übrigens überschätzt wird – lesen Sie, welche Schritte notwendig sind: S. 98) oder weil sie dadurch scheinbar mehr Geld machen können. Das ist nicht nur illegal und unsozial, sondern kann den geschäftlichen Erfolg von Anfang an vermindern. Fördermittel können für Sie unerreichbar werden, Finanzierungen verwehrt bleiben, Nachzahlungen und Strafen fällig werden. Aber auch gegenüber Geschäftspartnern und Kunden wirkt das unprofessionell. Diese werden gezwungen, ebenfalls illegal zu handeln, und können die Kosten für Ihre Leistungen beispielsweise nicht steuerlich geltend machen. Lassen Sie sich nicht zu einem solchen Start hinreißen! Allein das positive Gefühl, dass alles mit rechten Dingen zugeht, ist es wert. Auch mit dem Arbeitgeber sollten Sie früh ins Reine kommen und ihn je nach rechtlichen Gegebenheiten informieren. Sonst droht Ihnen die Kündigung zur Unzeit – nämlich bevor Sie auf eigenen Beinen stehen. (mehr dazu auf S.51f)

Spielen Sie von Anfang an mit offenen Karten. Ein langfristiger Erfolg kann nicht auf illegalen Geschäften beruhen!

Kleingründer neigen dazu, sich selbst auszubeuten. Um den Preis der Wettbewerber mit allen Mitteln zu unterbieten und weil sie von den Aufträgen nicht leben , setzen sie ihre eigene Arbeitsleistung bei der Berechnung des Preises oft zu Dumpingpreisen an. Das löst natürlich Unmut bei den bestehenden Firmen aus und kann zu Lasten von deren Angestellten gehen – dessen müssen sich Gründer bewusst sein. Sie müssen lernen, zu verlangen, was der Markt bietet, und von dem Denken wegkommen, dass man sehr weit darunter bleiben muss, um ins Geschäft zu kommen. Denn wie wollen Sie später eine Preiserhöhung rechtfertigen?

Lassen Sie die Finger von Dumpingpreisen. Nur mit richtig kalkulierten Preisen für Ihre Leistungen wirken Sie professionell und werden ernst genommen.

Im ersten Jahr läuft es oft überraschend gut, das berichten Gründer immer wieder. Doch dann kommt der Alltag und es reicht nicht mehr, auf persönliche Kontakte zu bauen. Neue Kunden müssen gefunden werden, die Geschäftsidee wird oft erweitert und neu überdacht. Hier ist langer Atem gefragt. Bis dahin müssen Sie Partner und Netzwerke gefunden haben.

Machen Sie sich auf Rückschläge gefasst. Rüsten Sie sich für schwere Zeiten. Finden Sie Partner und Netzwerke.

Was, wenn Sie herausfinden, dass Ihnen das Risiko zu hoch ist oder sich Ihre Idee nicht trägt?

In diesem Kapitel werden Sie herausfinden, ob Sie die Risiken, die Sie mit der Gründung eingehen, auf sich nehmen möchten. Wir hoffen natürlich, dass wir Ihnen die Angst nehmen können, indem wir Ihnen neben den Risiken auch die Auswege und die Chancen präsentieren. Doch auch das Gegenteil kann eintreten: Was, wenn Sie herausfinden, dass Ihnen das Risiko zu hoch ist oder sich Ihre Idee nicht trägt? Was, wenn die Konkurrenz so groß ist, dass Sie keine Chance für Ihre Geschäftsidee sehen?
Schlechte Nachrichten sind natürlich immer unangenehm – vor allem dann, wenn Sie sich schon seit Monaten oder Jahren mit dem Gedanken tragen. Doch versuchen Sie, es positiv zu sehen: Sie haben es zum bestmöglichen Zeitpunkt herausgefunden – noch bevor Sie zu viel in die Idee investiert haben und scheitern. Und dass Ihre erste Idee nicht so gut geeignet war, heißt nicht, dass Sie den Traum von der Selbständigkeit aufgeben müssen. Was Sie gelernt haben, hilft Ihnen auch, wenn Sie eine neue Geschäftsidee ausprobieren.

Neue Geschäftsideen finden

Wer einmal begonnen hat, über Geschäftsideen nachzudenken, wird überall welche sehen. Was fehlt Ihnen im täglichen Leben? Wo haben Sie beobachtet, dass jemand einen schlechten Service bietet, den Sie besser hinbekommen würden?

- Unter einer etwas provokanten Überschrift nähert sich das Info-Heft „GründerZeiten“ Nr. 39 dieser Frage: Dort heißt es: „Gründungsideen entwickeln – Weniger Glück als Verstand“. Es kann beim Wirtschaftsministerium bestellt werden oder liegt zum Herunterladen unter **www.existenzgruender.de** bereit.
- Anregungen geben auch Gründermagazine, die Sie im Zeitschriftenhandel finden, wie „Starting up“; „Gründerzeiten“ oder Sonderhefte von Wirtschaftsblättern oder der Stiftung Warentest. Darin werden immer wieder Gründer mit ihren Ideen vorgestellt.
- Auch die Internet-Seiten von „Businessplan-Wettbewerben“ sind eine Quelle für Gründungsideen. Die Teilnehmer und Gewinner werden meist portraitiert. Der größte deutsche Businessplan-Wettbewerb ist der in Berlin-Brandenburg, zu finden unter **www.b-p-w.de**.

• Nutzen Sie Internet-Portale für Ihre Inspiration. Unter **www.kompass.com** finden Sie 23 Millionen Links zu Firmen in der ganzen Welt, geordnet nach Branchen und Berufsgruppen – was gibt es in Ihrer Region noch nicht?

„Worst-Case-Szenario" – Wenn Pessimismus motivierend wirkt

Der Begriff „Worst-Case-Szenario" kommt aus der Unternehmensplanung – er ist also für unser Unterfangen bestens geeignet. Es handelt sich dabei um ein Gedankenspiel, in dem verschiedene zukünftige Ereignisse, die Einfluss auf die Entwicklung des Geschäftes haben könnten, gedanklich durchgespielt werden. Der „worst case" ist der denkbar schlechteste Fall.
Die Unternehmer, die diese Technik benutzen, fragen sich bei der Entwicklung einer Strategie oder im Vorfeld einer Investition: Was kommt auf uns zu, wenn einfach alles schief läuft? Welche Folgen hat das für unser Unternehmen?

Dies wollen wir mit Ihnen durchspielen. Nicht, um Ihre Vorbehalte noch zu bestärken, sondern im Gegenteil. Was wäre denn, wenn selbst die schlimmsten Folgen, die Ihr Eintritt in das Unternehmer-Leben haben könnte, erträglich wären? Wenn selbst in dem Fall, dass alles schief läuft, ein Schaden eintritt, den Sie verkraften könnten – wäre das nicht motivierend? Wir wollen Ihnen zeigen, was schief laufen kann (nicht ohne Ihnen zu verraten, wie Sie verhindern können, dass alles schief geht – versteht sich).

Der schlimmste Fall – Beispiele

1. Sie sind zahlungsunfähig oder überschuldet:

Dies ist zweifellos der schlimmste Fall, den sich ein Unternehmer vorstellen kann: die Insolvenz. Sie tritt ein, wenn man entweder zahlungsunfähig ist, die Zahlungsunfähigkeit droht oder wenn man überschuldet ist. Überschuldet ist ein Unternehmen dann, wenn der Unternehmenswert (also die Summe der Werte aller Dinge, die Ihr Unternehmen besitzt) kleiner ist als die Summe der Schulden und sich dies in absehbarer Zeit nicht ändern wird. Zahlungsunfähig sind Sie, wenn Sie nicht mehr für Ihre laufenden Kosten aufkommen können. Was in diesem Fall geschieht, hängt von der Größe Ihres Unternehmens ab. Kleinunternehmer, die weniger als 20 Schuldner haben, fallen unter die Verbraucherinsolvenz. Das ist – soweit man hier davon sprechen kann – ein Vorteil. Innerhalb von sechs Jahren werden sie mit Hilfe von Schuldenberatungen und gerichtlichen Verfahren ihre Schulden los. Dieses Verfahren wurde vor einigen Jahren für Verbraucher und Kleinunternehmer verkürzt, um ihnen einen Neuanfang zu erleichtern. Firmen mit mindestens 20 Schuldnern oder in anderen Rechtsformen als der des Einzelunternehmers nach BGB fallen unter das Insolvenzrecht für Unternehmen. Wächst Ihr Unternehmen auf eine solche Größe an, sollten Sie sich mit diesem Thema genauer befassen. Denn eine Insolvenz muss rechtzeitig angemeldet werden. Wer die drohende Zahlungsunfähigkeit verschleiert oder in diesem Zustand Werte aus dem Unternehmen entfernt, macht sich strafbar. Mehr Informationen dazu bekommen Sie bei Verbraucherzentralen und Schuldnerberatungsstellen. Erste Hinweise finden Sie u.a. auf **www.insolvenzrecht.info**.

Mögliche Folgen:

• Wenn Sie unter die Verbraucherinsolvenz fallen, verlieren Sie für sechs Jahre das Recht, über Ihre Finanzmittel zu bestimmen. Sie müssen sich in einer „Wohlverhaltensphase“ an die Auflagen aus dem Entschuldungsplan halten und große Teile Ihres Einkommens abgeben.

• Im Fall von Firmen-Insolvenzen übernimmt ein Insolvenz-Verwalter die Gewalt über die Geschäfte, um zu retten, was zu retten ist.

• Die Insolvenz bedeutet in beiden Fällen nicht zwingend das Ende des Unternehmens. Sehr spannend und lehrreich ist ein Buch, das die Insolvenz aus Sicht einer Unternehmerin beschreibt:

BUCHTIPP: Anne Koark: Insolvent und trotzdem erfolgreich, 2004, Preis: 16,90 Euro, ISBN 3-934424-32-5

Vorbeugen:

• Viele Kleinunternehmer und Teilzeit-Unternehmer kommen ohne Fremdfinanzierung aus. Sie investieren ihr Erspartes oder verzichten zunächst ganz auf Investitionen und schaffen sich Auftrag für Auftrag weitere Geräte und Ausstattungsgegenstände an. Oft bleiben sie auf einem Level mit geringen laufenden Kosten.

• Gefährlich wird es, wenn ein großer Auftrag nicht bezahlt wird oder der Unternehmer krank wird und nicht mehr arbeiten kann. Aus diesem Grund ist ein finanzielles Polster wichtig. Empfohlen wird, dieses Polster so groß zu halten, dass die laufenden Kosten von drei Monaten abgedeckt sind.

• Setzen Sie sich einen Punkt, an dem Sie die weiße Fahne hissen und aussteigen: Je nachdem welches Risiko Sie eingehen wollen und welche Finanzreserven Sie haben, könnte dies der Fall sein, wenn Ihre Finanzreserve für drei Monate aufgebraucht ist, wenn Sie auch nach zehn Monaten keinen Umsätzen in einer von Ihnen bestimmten Mindesthöhe machen oder wenn Sie die Hälfte Ihrer eisernen Reserve aufgebraucht haben. Ist dieser Punkt erreicht, kündigen Sie laufende Verträge und ziehen Sie sich zurück, bevor der Schaden größer wird. Informieren Sie Ihre Familie oder Freunde über dieses Level und Ihren Entschluss, hier aufzugeben, und bitten Sie diese, Sie daran zu erinnern. Denn in der konkreten Situation könnten Sie sich wie ein süchtiger Spieler verhalten und immer wieder versuchen, es noch zu richten.
• Bilden Sie Rücklagen für anfallende Kosten für Versicherungsverträge, die nicht sofort kündbar sind, oder Nachzahlungen an das Finanzamt.
• In der Regel werden Banken und andere Kreditgeber Ihre Firma genau überprüfen, bevor Sie einen Kredit vergeben. Sie verlangen Werte und Bürgschaften, um sich im Fall des Misserfolgs abzu-sichern. Gefährlicher ist die schleichende Verschuldung bei Lieferanten und Dienstleistern, beispielsweise wenn Sie Ihre Büro-Einrichtung oder andere Dinge auf Raten kaufen.
• Es ist unerlässlich, dass Sie über Ihre Ausgaben und Einnahmen genau Bescheid wissen. Auch wenn Sie Ihre Buchhaltung von einem Spezialisten erledigen lassen, sollten Sie wissen, wie groß das Budget ist, über das Sie bei Neuanschaffungen verfügen können.

2. Nur noch Streit und Probleme in der Familie/Partnerschaft

Auch wenn Ihre Familie am Anfang begeistert war, inzwischen gibt es nur noch Streit, weil Sie so selten zu Hause sind, dort Chaos herrscht oder sich die Familienmitglieder vernachlässigt fühlen. Dieses Thema wird bei Gründungen und in der Gründungsberatung oft unterschätzt. Meist kommt es nur bei weiblichen Gründern zur Sprache und wird auch nur in Ratgebern für Gründerinnen behandelt – dabei betrifft es beide Geschlechter gleichermaßen.

Mögliche Folgen:

- Mit dem Rückhalt aus der Familie fehlt Ihnen ein Teil der Kraft, die Sie für das Unternehmen brauchten, es läuft immer schlechter.
- Um die Familie/Partnerschaft zu erhalten, geben Sie auf.
- Die Familie/Partnerschaft zerbricht an dem Unternehmen.

Vorbeugen:

- Solche massiven Probleme treten nicht plötzlich auf. Sie müssen für Warnsignale offen bleiben und früh reagieren. Möglicherweise auch mit Hilfe von Beratungsstellen.
- Das Wichtigste für den Start ist vollkommene Offenheit. Berater schlagen vor, regelmäßig eine Art Familienrat abzuhalten, in dem die einzelnen Familienmitglieder zu Wort kommen und ausdrücken können, was sie stört und was sie sich wünschen. Dazu gibt es tolle Ratgeber.

Buchtipp: Dreikurs, Rudolf (u.a.): Familienrat, 2003, Preis: 13 Euro, ISBN: 3608942424.

Vielleicht lassen sich Wege finden, die Familie in das Unternehmen einzubinden? Auf diese Weise gewinnen Sie auch Gesprächspartner. Unternehmer fühlen sich oft sehr allein und haben das Gefühl, dass niemand ihre Probleme verstehen kann. Das führt dazu, dass sie nicht über Probleme sprechen. Ein Teufelskreis. Damit beginnt die tatsächliche Isolation. Ihre Familie beziehungsweise Ihr Partner wird sich möglicherweise viel ernster genommen fühlen, wenn Sie Probleme mit ihm/ihr teilen.

3. Sie werden krank und können nicht mehr arbeiten

Ein gesundes Unternehmen braucht einen gesunden Unternehmer – das gilt vor allem bei „Einzelkämpfern". Denn im schlimmsten Fall kann niemand für sie einspringen.

Mögliche Folgen:

- Je nach Dauer der Krankheit kann der Einkommensausfall nicht mehr zu verkraften sein und die Selbständigkeit muss aufgegeben werden.

Vorbeugen:

- Zunächst einmal gilt: Verschleißen Sie nicht ohne Not Ihr wichtigstes Kapital – sich selbst. Dauernde Überarbeitung kann zu Krankheiten führen. Lange Arbeitszeiten erhöhen die Unfallgefahr, da Ihre Aufmerksamkeit geschwächt wird. Manche Krankheiten sind freilich nicht durch Überlastung bedingt. Tritt der schlimmste Fall ein, muss dennoch nicht alles aus sein. Ein Mittel zur Vorbeugung sind Versicherungen. Sie erhalten Krankentagegeld, wenn Sie entsprechend versichert sind. Berufsunfähigkeitsversicherungen sichern den Fall ab, dass Sie Ihren Beruf ganz aufgeben müssen.

• Um die Folgen eines vorübergehenden Ausfalls abzufedern, ist ein Netzwerk hilfreich. Wer andere Kleinunternehmer – selbst aus der gleichen Branche – nicht als Konkurrenten, sondern Partner ansieht, kann hier auf Hilfe zählen. Sie verweisen Ihre Auftraggeber an Geschäftsfreunde, bis Sie sich auskuriert haben. Ehrlichkeit und eine schnelle Reaktion werden von Auftraggebern in der Regel anerkannt.

4. Sie finden keine Kunden oder Sie machen über Jahre keinen Gewinn

Ihr Geschäftskonzept geht nicht auf. Entweder wird Ihre Leistung nicht nachgefragt oder Sie arbeiten viel und haben Kunden, kommen aber trotzdem nicht auf einen grünen Zweig.

Mögliche Folge:

• Wenn Sie das Problem nicht lösen können, müssen Sie aufgeben.

Vorbeugen:

• Überprüfen Sie Ihre Kalkulation: Entweder sind Ihre Kosten zu hoch oder die Honorare bzw. Preise, die Sie verlangen, sind nicht kostendeckend. Viele Unternehmer kommen in solche Situationen: Kunden versuchen, den Preis zu drücken, oder pochen auf Sonderkonditionen. Lernen Sie, solche Aufträge abzulehnen. Arbeiten Sie erst einmal zu niedrigeren Honoraren bzw. Preisen, ist es schwer, mehr durchzusetzen.

• Regelmäßige Checks, wie Sie dastehen.

• Guter Überblick über das Verhältnis von Kosten und Nutzen pro Auftrag.

• Was verlangen Ihre Wettbewerber? Stehen Sie besser oder schlechter als diese da?

5. Sie verlieren die Lust

Sie dachten, am Abend und am Wochenende Patchwork-Decken zu nähen oder auf Flohmärkte zu fahren, würde sie glücklich machen. Nun stellen Sie fest, das tut es nicht.

Mögliche Folgen:

• Nun – solange Sie dies bemerken, bevor Sie Ihr Geschäft lange vernachlässigt haben, ist alles in Butter. Sie kündigen alle Verträge und zahlen die ausstehenden Verbindlichkeiten, gehen zum Gewerbeamt Ihrer Kommune und melden Ihr Gewerbe wieder ab. Das kostet in manchen Kommunen eine Gebühr.

• Sie können für die Zeit, in der Ihr Gewerbe lief, am Jahresende bei der Steuererklärung die Betriebsausgaben entsprechend angeben.

Vorbeugen:

• Realistisch bleiben und ehrlich zu sich selbst sein. Was ist Ihre wahre Motivation bei der Gründung? Könnte der Wunsch, ein eigenes Unternehmen zu führen, nur eine vorübergehende Stimmung sein – vielleicht die Reaktion auf einen strengen Chef oder ein ereignisloses Jahr? Vielleicht sind andere Wege aus dieser Krise besser geeignet.

• Regelmäßiger Check Ihrer Ziele: Wo stehe ich – wo will ich hin? Bin ich auf dem richtigen Weg? Dies lässt Sie eventuelle Warnsignale früh genug erkennen. (Mehr dazu auf S. 129f.)

6. Sie schaffen es zeitlich nicht mehr, das Unternehmen zu halten

In Ihrem Hauptjob fällt mehr Arbeit an als erwartet, Ihre Familie erwartet Nachwuchs oder Ihre Eltern werden krank und Sie pflegen sie – es gibt viele Gründe, die dazu führen können, dass Sie es zeitlich nicht mehr schaffen, Ihr Unternehmen nebenbei zu halten.

Mögliche Folgen:

• Wenn Sie sich eine Rückkehr offen halten wollen, können Sie Ihr Unternehmen ruhen lassen und keine weiteren Aufträge annehmen. Teilen Sie dem Finanzamt mit, dass Ihr Betrieb vorübergehend oder dauerhaft ruht. Man wird Ihnen ein Formular zuschicken. Stellen Sie sicher, dass Ihre laufenden Kosten wegfallen, denn sie können mit großer Wahrscheinlichkeit nicht mehr steuerlich als solche geltend gemacht werden.

• Ist der Zeitmangel dauerhaft, kündigen Sie alle Verträge und zahlen die ausstehenden Verbindlichkeiten, gehen zum Gewerbeamt Ihrer Kommune und melden Sie Ihr Gewerbe ab. Sie können für die Zeit, in der Ihr Gewerbe lief, am Jahresende bei der Steuererklärung die Betriebsausgaben entsprechend angeben.

Vorbeugen:

- Viele Störungen lassen sich natürlich nicht vorher absehen oder verhindern. Vielleicht beruht Ihr Zeitmangel aber auch auf einem schlechten Zeitmanagement. In diesem Fall helfen Ihnen vielleicht die Hinweise aus Kapitel 5 weiter.

7. Ihr wichtigster Kunde fällt weg

Vielleicht liegt es an Ihnen, vielleicht sind Sie auch vollkommen unschuldig, das Ergebnis ist das gleiche: Wenn Ihr wichtigster Kunde wegfällt (zur Konkurrenz wechselt, sein Geschäft aufgibt etc.), bedeutet das für Sie einen Einbruch bei den Einnahmen.

Mögliche Folgen:

- Einkommenseinbußen.
- Diese können der Anfang vom Ende sein, wenn Sie es nicht schaffen, die Lücke zu schließen.

Vorbeugung:

- Es ist sehr gefährlich, sich auf einen oder nur sehr wenige Kunden zu verlassen. Gerade weil deren Wegbrechen das Unternehmen ins Wanken bringen kann.
- Ist es schon zu spät für derlei Ratschläge, hilft nur noch Krisenmanagement: Mancher Kleinunternehmer hat durch diesen schmerzhaften Einschnitt endlich genug Motivation für eine bessere Akquise und gewinnt neue Auftraggeber.

8. Ihre Geschäftsgrundlage fällt weg

Durch eine neue gesetzliche Regelung ist Ihr Service plötzlich obsolet oder gar verboten. Oder: Sie haben bisher auf Online-Auktionen gesetzt und die kommen aus der Mode. Oder Sie handeln mit einem Produkt, das plötzlich out ist – oder gar als gesundheitsschädlich eingestuft wird.

Vorbeugung:

- Die wenigsten dieser Dinge geschehen über Nacht. Das heißt, Sie können auf einen Informationsvorsprung setzen und rechtzeitig umsteuern. Sie müssen als Unternehmer ausgezeichnet informiert sein und die Gesetzgebung, Forschung und Trends in Ihrer Branche genau beobachten. Dies ist möglich durch die Mitgliedschaft in Branchenverbänden und Netzwerken und das Lesen von Fachzeitschriften. Über neue Regelungen geben die

Internet-Seiten der betreffenden Ministerien Auskunft. Buchstäblich über Nacht drangen in der Vergangenheit Informationen über Lebensmittelskandale an die Öffentlichkeit, die kleine Lebensmittelhändler, Öko-Läden oder Metzgereien in Bedrängnis gebracht haben. Zur Vorbeugung von solchen Fällen empfiehlt sich, einen intensiven Kontakt zu den Lieferanten zu pflegen, um herauszufinden, ob diesen zu vertrauen ist. Ist bereits ein Problem aufgetreten, gibt es nur eins: Gehen Sie offen mit dem Problem um, informieren Sie die Kunden bedingungslos und nehmen Sie betreffende Produkte sofort aus dem Sortiment. Am besten stehen solche Unternehmer da, die langfristiges Vertrauen aufgebaut haben und deren Kunden wissen, dass sie niemals wissentlich aus Gewinnstreben betrogen werden.

9. Ein Auftraggeber zahlt nicht

Eine Situation, die viele Gewerbetreibende kennen und die für Firmenpleiten verantwortlich ist. Bei Kleingewerbetreibenden bedeutet dies selten den Ruin, da ihr Auftragsvolumen entsprechend klein ist – dafür trifft sie eine ausbleibende Zahlung schwerer.

Vorbeugen:

• Ein finanzielles Polster gleicht den Schaden aus.

• Versuchen Sie bei größeren Vertragsabschlüssen so viel wie möglich über Ihre Auftraggeber herauszufinden. Hier helfen Netzwerke und Online-Foren: Gibt es Insolvenz-Gerüchte? Gilt die Firma als zuverlässig – oder gibt es schlechte Erfahrungen mit dem Auftraggeber?

• Bei Erstaufträgen ist es in manchen Branchen durchaus üblich, Anzahlungen oder Vorauszahlungen zu vereinbaren. Diese fallen mit wachsendem Vertrauen bei Folgeaufträgen weg.

• Auch über die Rechtsform des Unternehmens sollten Sie sich im Klaren sein. Von dieser hängen Ihre rechtlichen Möglichkeiten ab, gegen säumige Zahler vorzugehen.

• Fallen Sie nicht auf schwarze Schafe oder Betrüger herein – Sie wissen als Selbständiger, welche Angaben Geschäftsbriefe haben müssen. Hält sich eine Firma nicht an diese Vorschriften, ist etwas faul. Ebenso, wenn eine Telefonnummer nicht stimmt oder die Adresse nicht existiert (zu recherchieren mit Stadtplandiensten im Internet).

• Auch wenn es etwas drastisch ist: Man könnte, um dieser Gefahr zu entgehen, auch Aufträge über einem bestimmten Volumen nicht annehmen.

10. Sie müssen für einen Fehler haften, den Sie im Rahmen Ihrer Unternehmenstätigkeit gemacht haben

Sie haben einen Fehler gemacht und beim Kunden ist dadurch ein Schaden entstanden, für den Sie haften müssen. Das kann sehr schnell ein großer Schaden sein. Etwa wenn Sie ein Einladungsschreiben an 1000 Kunden ihres Auftraggebers versenden, mit einem falschen Datum bedrucken und niemand zu dessen Firmenjubiläum erscheint.

Mögliche Folgen:

• Das kann sehr teuer werden und mehr als nur den Ruin ihres Unternehmens bewirken. Denn wenn Sie keine Rechtsform haben, die Ihre Haftung beschränkt (z.B. GmbH), wird auch Ihr Privatvermögen herangezogen, um den Schaden auszugleichen.

Vorbeugen:

• Natürlich muss hier stehen (Sie ahnen es), dass Sie bei jedem Auftrag so gründlich wie möglich arbeiten müssen.

• Doch Fehler passieren. Auch bei kleinen Unternehmen lohnt es sich deshalb, eine Betriebshaftpflichtversicherung abzuschließen, um in solchen Fällen nicht vor dem Aus zu stehen.

• Wenn Sie hier unsicher sind und Befürchtungen haben oder Ihr Produkt/Service mit besonderen Risiken verbunden ist, sollten sich genauer über Rechtsformen informieren, die die Haftung der Unternehmer begrenzen.

TIPP

Gründungsidee: Mietkoch oder Mietbäcker

Wenn Sie ausgebildeter Koch, Bäcker oder Konditor sind oder besonders gut „rustikal“ kochen oder backen können, könnten Sie sich nebenbei als Mietkoch oder Mietbäcker selbständig machen. Sie kochen edle Menüs für private Partys in der Küche der Gastgeber oder backen dort für Familienfeiern – auch zusammen mit der Familie. Denkbar sind auch Koch- oder Backstunden. Manchmal wollen die Kunden auch ein Buffet für eine Feier oder ein romantisches Dinner zu zweit, ohne dabei in ein Restaurant zu gehen.

Sie müssen in Koch-Utensilien investieren – denn Ihre Kunden sind wahrscheinlich eher küchenscheu und haben nicht die beste Ausstattung. Auch Tischtücher, Geschirr, Besteck und Gläser müssen Sie eventuell mitbringen. Ihr Service spricht sich über

Empfehlungen herum. Sie sollten unbedingt einen Geschenk-Service anbieten. Vielleicht wollen Freunde dem Bräutigam zur Hochzeit einen Kochkurs schenken? Bedenken Sie, dass Ihre Leistung für die Kunden relativ teuer ist. Denn zu den Kosten für die Lebensmittel kommt ja Ihr Honorar. Machen Sie sich intensive Gedanken über Ihre Zielgruppe und deren Lebensstil.
Ihre Arbeitszeit ist dann, wenn andere feiern – also an Wochenenden, Abenden und Feiertagen. Das heißt, Ihre Familie muss dann auf Sie verzichten.

Idee funktioniert in Teilzeit: Die Termine werden einzeln abgesprochen. Wie viele Sie annehmen, hängt von der Zeit ab, die neben dem Job bleibt.
Idee mit Ausbaumöglichkeiten: Sie können mehr Termine annehmen, Helfer einstellen, zusätzliche Services einrichten, selbst Partys initiieren oder einen Raum für Feiern pachten und an Privatleute vermieten.
Geringe Anfangsinvestition: Auftrag für Auftrag kommt mehr Inventar zur Ausstattung.

Hier können Probleme entstehen

Vereinbarkeit mit dem Hauptberuf: Wer auch im Hauptberuf als Koch arbeitet, kommt nicht nur bei der Arbeitszeit in die Bredouille (denn auch im Hauptjob ist dann Hochbetrieb, wenn andere frei haben): Er macht mit seinem Service seinem Arbeitgeber Konkurrenz – das bedeutet, dieser kann ihm die Nebentätigkeit verbieten.
Räume werden knapp: Mit jedem Topf und Teller wird der private Lagerraum enger. Bald wird es nötig sein, einen Raum anzumieten, vielleicht sogar mit Küche. Geben Preise und berechnete Geschäftspläne diese Kosten her?
Luxusgut: Einen edlen Koch für eine Party zu bestellen, ist ein teurer Luxus – ist der Service in guten und schlechten Zeiten der richtige? Passt er in Ihre Stadt?

Ähnlich funktionieren:

- Zauberer oder Clown für Partys
- DJ/Alleinunterhalter für Familienfeiern

3

Ihr Gründungsumfeld

Oder:

Wie kalt ist das Wasser?

Was Sie in diesem Kapitel erwartet:

- Welches Mitspracherecht Ihr Arbeitgeber bei der Gründung hat
- Was sich bei der Kranken- und Sozialversicherung ergibt – bei Angestellten, Familienversicherten und Studenten
- Was Sie als Bezieher von Arbeitslosengeld I/II beachten müssen, wenn Sie nebenbei gründen wollen
- Welche Versicherungen Sie abschließen können (und sollten)
- Welche Steuern Sie zahlen müssen und was beim Umgang mit dem Finanzamt zu beachten ist

Das Gründungsumfeld

Jetzt, da Sie sich einen ersten Überblick über die Risiken und Chancen einer Teilzeit-Selbständigkeit verschafft haben, sind Sie entschlossen: Sie wollen es versuchen. In den folgenden Kapiteln geben wir Ihnen konkrete Hinweise zum Vorgehen und zu den Gründungsschritten. Erst kümmern wir uns dabei um das Gründungsumfeld – also um die Gegebenheiten, in die Ihre Gründung fällt. Es werden die Aspekte behandelt, die Sie als Rahmenbedingungen Ihrer wirtschaftlichen Tätigkeit berücksichtigen müssen. Dabei ist zu bedenken, dass für verschiedene Gruppen von Teilzeitgründern auch verschiedene Regelungen zu beachten sind. So müssen Angestellte im öffentlichen Dienst teilweise andere Einschränkungen beachten als Studenten. Es ist zwar verständlich, wenn Sie zunächst lieber mit aller Kraft auf den Tag hinarbeiten, an dem Sie gewissermaßen „den Laden" eröffnen. Dabei besteht jedoch die Gefahr, wichtige Dinge zu vernachlässigen!

An vielen Stellen müssen Sie vor Beginn der Tätigkeit aktiv werden, sonst riskieren Sie Nachteile oder gefährden Ihren Geschäftserfolg. Manche Genehmigungen müssen vorab besorgt, Mitteilungen vorab gemacht werden!

Außerdem wird es hier um Steuern, Krankenkassen und Sozialversicherungen gehen. Sie werden es mit vielen Zahlen, Regeln und Paragrafen zu tun bekommen. Lassen Sie sich nicht davon abschrecken!

Teilzeitselbständig oder nicht? Sie müssen die Grenzen kennen

Als Selbständige oder Selbständiger in Teilzeit müssen Sie wissen, wie dieser Status von anderen abgegrenzt wird – ab wann Sie also „zu viel" verdienen oder „zu viel" arbeiten, um noch als Teilzeit-Selbständiger zu gelten. Viele dieser Grenzen können in Stunden oder Euro ausgedrückt werden. An anderen Stellen kommt es hingegen darauf an, dass Sie gegenüber Ämtern oder Kassen glaubhaft machen können, dass Ihre Selbständigkeit Nebenerwerbs-charakter hat. Wenn Sie es einrichten können, gehen Sie nicht unbedingt an die Grenze des Zulässigen. Sie müssen dann vielleicht zeitraubende Überprüfungen über sich ergehen lassen und zusätzliche Nachweise erbringen, beispielsweise gegenüber Ihrer Krankenversicherung. Wenn Sie sich ganz auf Ihren geschäftlichen Erfolg konzentrieren und es wollen, werden Sie nach einiger Zeit ohnehin den Schritt zur vollständigen Selbständigkeit gehen. Dann nehmen Sie Anlauf und überspringen die aufgezeigten Grenzen.

Das Verhältnis zur Haupttätigkeit

Ist Ihre Haupttätigkeit eine andere Arbeit – etwa als Angestellter, Arbeiter oder Beamter? Dann fallen Sie unter die Kategorie „Nebenerwerbsgründer". Sie müssen sich genau mit dem Verhältnis zwischen Haupt- und Nebentätigkeit auseinander setzen.
Grundsätzlich steht es jedem Arbeitnehmer frei, zusätzlich zur Haupttätigkeit weitere Tätigkeiten aufzunehmen. Schließlich stellen Sie dem Arbeitgeber ja nur einen Teil Ihrer Arbeitskraft zur Verfügung. Deshalb brauchen Sie als Nebenerwerbsselbständiger eigentlich keine Erlaubnis vom Arbeitgeber. „Eigentlich" deshalb, weil es wie so oft Ausnahmen gibt. Unter anderem für Beamte und Angestellte beziehungsweise Arbeiter im öffentlichen Dienst. Eine andere Ausnahme besteht, wenn Sie Ihrem Arbeitgeber Konkurrenz machen oder dessen Ansehen schaden.

Arbeitnehmer in der Privatwirtschaft

Klauseln zum Nebenerwerb im Arbeitsvertrag: Im Prinzip können Sie Ihre Freizeit nutzen, wie Sie möchten. Was aber, wenn in Ihrem Arbeitsvertrag eine Regelung steht, die Ihnen jegliche entgeltliche oder unentgeltliche Nebentätigkeit verbietet?
Obwohl solche Klauseln sehr häufig in Arbeitsverträgen zu finden sind, sind sie nach herrschender Meinung rechtlich nicht wirksam, da sie Ihre Berufsfreiheit als Arbeitnehmer in unverhältnismäßiger Weise einschränken. Anders verhält es sich mit Passagen im Arbeitsvertrag, die Sie dazu verpflichten, Ihrem Arbeitgeber mitzuteilen, wenn Sie eine Nebentätigkeit aufnehmen. Dieser Informationspflicht müssen Sie nachkommen. Das bedeutet für Sie eine deutlich schwächere Einschränkung. Letztlich soll der Arbeitgeber die Möglichkeit zur Prüfung bekommen, ob seine berechtigten Interessen durch die Nebentätigkeit seines Arbeitnehmers berührt werden.
Auch wenn Ihr Arbeitsvertrag gar keine Regelung zu Nebentätigkeiten enthält, kann eine Informationspflicht für Sie entstehen.

Nämlich immer dann, wenn berechtigte Interessen Ihres Arbeitgebers dies erfordern.

TIPP

Geheimniskrämerei ist kein guter Start für Ihren Nebenerwerb. Spielen Sie mit offenen Karten und teilen Ihrem Arbeitgeber die Fakten mit, die er kennen muss. Bleiben Sie bei der Wahrheit, um unliebsame Überraschungen zu vermeiden – wenn Sie Ihren Job verlieren, sind sie vielleicht früher gezwungen, von Ihrer Idee zu leben, als Sie es sich leisten können.

Berechtigte Interessen Ihres Arbeitgebers – wann darf er Ihre Nebentätigkeit untersagen?

Wenn Sie Ihren Arbeitgeber informiert haben, kann dieser in einigen Fällen Ihrer Nebentätigkeit widersprechen. Dies gilt für Fälle, in denen der Nebenjob die berechtigten Interessen des Arbeitgebers verletzen könnte. So entschied das Bundesarbeitsgericht, dass ein hauptberuflicher Krankenpfleger nebenbei nicht als Leichenbestatter arbeiten darf, weil es bei den Patienten, zu „Irritationen“ kommen könne und damit die berechtigten Interessen des Arbeitgebers verletzt würden. Die wichtigsten Bestimmungen:

Konkurrenzverbot: Für das Verhältnis zwischen Haupt- und Nebentätigkeit gilt ein „Konkurrenzverbot“. Das bedeutet, dass Sie als Nebenerwerbsselbständiger nicht in direkte Konkurrenz zum Arbeitgeber treten dürfen. So hat das Bundesarbeitsgericht in Kassel entschieden, dass einer Hörfunksprecherin bei einer öffentlich-rechtlichen Rundfunkanstalt untersagt werden darf, eine Nebentätigkeit bei einem Privatsender anzunehmen, wenn dieser in Konkurrenz zum Arbeitgeber steht. Für den jeweiligen Einzelfall kann die Abgrenzung aber Schwierigkeiten bereiten, zumal viele Gründer für ihre Geschäftsidee Fähigkeiten und Kenntnisse aus Ihrer Haupttätigkeit nutzen.
In jedem Fall müssen Sie Betriebs- und Geschäftsgeheimnisse aus der Haupttätigkeit wahren und dürfen diese nicht gegen den Arbeitgeber verwenden, denn ihm gegenüber haben Sie eine Treupflicht. Das Konkurrenzverbot gilt bis zum Ende der Dauer des Arbeitsvertrages und manchmal sogar noch darüber hinaus. Denken Sie also besser gar nicht erst darüber nach, die Kundenkartei Ihres Arbeitgebers für Ihre eigenen Geschäftszwecke zu nutzen (oder für später schon einmal zu kopieren).

Die Nebentätigkeit beeinträchtigt Sie bei der eigentlichen Arbeit: Sie müssen trotz der Nebentätigkeit jederzeit in der Lage sein, die Haupttätigkeit ohne Beeinträchtigungen auszuüben. So darf etwa die Nebenerwerbstätigkeit zeitlich nicht so ausufern, dass Ihre eigentliche Arbeit leidet. Wer abends noch Internet-Kurse für Senioren gibt, muss am nächsten Morgen pünktlich und ausgeschlafen zur Arbeit erscheinen.

TIPP

„Beeinträchtigungen" ist ein dehnbarer Begriff. Große Vorsicht hier! Es entstehen leicht Probleme durch Kollegen, die Ihnen den (vermeintlichen) Geschäftserfolg nebenbei neiden und jeden kleinen Fehler an den Chef weitergeben, der Ihnen unterläuft. Schnell entsteht der Eindruck, dass Ihre eigentliche Tätigkeit leidet – selbst, wenn Sie es anders empfinden – denn jeder macht einmal Fehler. Sie sollten noch größeren Wert als sonst darauf legen, im Hauptjob akkurat zu bleiben. Je nach Lage und Verhältnis zu den Kollegen ist auch hier Offenheit ein guter Weg, Konflikte von vornherein auszuräumen.

Die Nebentätigkeit gefährdet Ihre Gesundheit: Ihre Gesundheit darf durch die Nebentätigkeit nicht gefährdet oder beeinträchtigt werden. So kann es etwa Probleme geben, wenn Sie nebenbei als Trainer für Extrem-Sportarten arbeiten wollen. Wenn Sie für die Haupttätigkeit krankgeschrieben sind, müssen Sie alle Aktivitäten vermeiden, die den Genesungsprozess verzögern. Das bedeutet jedoch nicht, dass Sie überhaupt keiner weiteren Tätigkeit nachgehen dürfen. Es kommt auf die Umstände an. Wenn Sie wegen eines gebrochenen Beines arbeitsunfähig sind, können Sie dennoch leichten Schreibtätigkeiten nachgehen. Um jedoch nicht in den Verdacht zu geraten, möglicherweise doch arbeitsfähig zu sein, sollten Sie in Zeiten der Krankschreibung im Hauptjob auch Ihre Nebentätigkeit ruhen lassen.

Arbeitszeitgrenzen: Es sind gesetzliche Einschränkungen bei Arbeits- und Urlaubszeiten zu beachten. Das Arbeitszeitgesetz legt Obergrenzen für Arbeitszeiten fest. Im Regelfall darf die regelmäßige wöchentliche Arbeitszeit die „Normalarbeitszeit" nicht um mehr als 20 Prozent überschreiten. Nimmt man für ein Normalarbeitsverhältnis eine wöchentliche Arbeitszeit von 38,5 Stunden an, so dürfen Sie insgesamt nicht mehr als 46,2 Stunden in der Woche arbeiten. Werden für die Haupttätigkeit weniger Stunden eingesetzt, etwa durch eine Teilzeitstelle, kann entsprechend mehr Zeit für die Nebenerwerbsselbständigkeit genutzt werden. Nun ist die Arbeitszeit bei Selbständigen nur schwer zu überprüfen – schließlich schließen Sie keinen Vertrag mit sich selbst ab. Dennoch ist diese Information für Sie wichtig; sollte es zu einer Überprüfung kommen, müssen Sie eventuell beweisen, nicht mehr als die angegebenen Stunden nebenbei zu arbeiten.

Nebenbei arbeiten im Urlaub? Sie dürfen die Urlaubszeiten aus dem Hauptarbeitsverhältnis nicht für die Nebentätigkeit nutzen, da der Urlaub für Ihre Erholung gedacht ist.

Entscheidung „unter Vorbehalt": Es ist denkbar, dass Ihr Arbeitgeber zunächst keinen Widerspruch gegen die Nebentätigkeit erhebt, seine Entscheidung aber „unter Vorbehalt" stellt. Stellt sich im Zeitablauf heraus, dass Ihr Nebenerwerb doch seine berechtigten Interessen berührt, kann er seine Einwilligung widerrufen und die Nebentätigkeit untersagen.

Für Angestellte oder Arbeiter in der Privatwirtschaft gilt: Wenn Sie Ihren Informationspflichten nachkommen, das Konkurrenzverbot beachten und insgesamt sicher stellen, dass die Nebentätigkeit Ihren Hauptjob nicht beeinträchtigt, dürfte einer nebenbei betriebenen Selbständigkeit nichts im Wege stehen.

Schwarzarbeit: Schließlich sei noch auf eine Selbstverständlichkeit verwiesen: Mit einer in Schwarzarbeit betriebenen Nebentätigkeit gehen Sie ein großes Risiko ein und machen sich strafbar. Der Begriff der Schwarzarbeit ist recht weit gefasst. Hierunter fällt nicht nur abhängige Beschäftigung ohne Lohnsteuerkarte, sondern auch selbständige Tätigkeiten, etwa wenn Sie ein Handwerk als ständiges Gewerbe betreiben, ohne in der Handwerksrolle eingetragen zu sein, oder wenn Sie Aufträge gegen Bezahlung „ohne Rechnung" übernehmen. Arbeiten Sie während einer Krankschreibung schwarz, kann Ihnen fristlos gekündigt werden.

Besonderheiten im öffentlichen Dienst

Für Beamte und Angestellte des öffentlichen Dienstes gelten in puncto Auskunfts- und Genehmigungspflichten schärfere Anforderungen als für Arbeiter und Angestellte in der Privatwirtschaft. Allgemein gilt, dass auf Angestellte des öffentlichen Dienstes die für Beamte vorgesehenen Regelungen analog angewendet werden (§ 11 BAT – Bundesangestelltentarifvertrag).

Das Wichtigste zuerst: Im öffentlichen Dienst gilt grundsätzlich, dass Nebentätigkeiten einer vorherigen Genehmigung bedürfen. Diese Genehmigung muss von Ihnen schriftlich beantragt werden.

Beruhigend immerhin: Nur bei Vorliegen von „dienstlichen Gründen“ kann Ihnen eine solche Genehmigung verweigert werden. Solche dienstlichen Gründe liegen vor, wenn Sie durch die Nebentätigkeit Ihre Dienstpflichten nicht mehr ordentlich erbringen können oder dabei behindert werden. Ein anderer wichtiger Ablehnungsgrund besteht, wenn Sie durch die Nebentätigkeit in einen Interessenskonflikt mit Ihrem Dienstherren geraten können. Sie erinnern sich sicher an Fälle von unrechtmäßigen „Beraterverträgen“, die immer wieder durch die Medien gehen. Wenn Sie als Mitarbeiter im Bauamt nebenberuflich als Berater für einen Bauherren auftreten, der viel im Landkreis baut, ist ein Interessenkonflikt offensichtlich.

Um eine Genehmigung für Ihre Nebentätigkeit zu erhalten, müssen Sie verschiedene Angaben machen. Neben der Art der Tätigkeit und dem voraussichtlichen Verdienst müssen Sie auch Auskunft zum voraussichtlichen Zeitumfang der Tätigkeit geben. In manchen Behörden gibt es ein eigenes Formular für diese Angaben. In anderen Fällen geben Sie in einem formlosen Schreiben die verlangten Informationen.
Die gesamte Arbeitszeit darf auch bei Beamten und Mitarbeitern im öffentlichen Dienst 46,2 Stunden nicht überschreiten. Haben Sie im Amt oder in der Behörde eine Teilzeitstelle, dürfen Sie entsprechend mehr im Rahmen der Nebentätigkeit arbeiten. Auf die Summe der Arbeitszeit kommt es an.

Für Mitarbeiter im öffentlichen Dienst gilt: Der Arbeitgeber muss um Genehmigung gebeten werden. Er kann die Genehmigung verweigern, wenn Sie bei der Ausübung Ihrer Dienstpflichten behindert werden oder Sie in Interessenskonflikte geraten könnten.

Anspruch auf Teilzeitarbeit – eine Option für Sie?

Nach dem Teilzeit- und Befristungsgesetz haben Sie unter bestimmten Voraussetzungen einen Anspruch auf die Verringerung Ihrer Arbeitszeit. Vielleicht ist dies eine Option für Sie, wenn Sie merken, dass Ihre Nebenerwerbsselbständigkeit doch etwas mehr Zeit beansprucht, als Sie zunächst vermutet hatten, oder wenn sie sogar so gut läuft, dass Sie diese vorsichtig ausweiten möchten, aber gleichzeitig Ihr Hauptstandbein noch nicht aufgeben wollen.

TIPP

Wann Sie ein Anrecht darauf haben, Ihren Job in eine Teilzeitstelle umzuwandeln:

- Sie arbeiten in einem Betrieb mit mindestens 15 Mitarbeitern.
- Ihr Hauptarbeitsverhältnis besteht seit mindestens sechs Monaten.
- Sie haben die Reduzierung mindestens drei Monate im Voraus beantragt.
- Es liegen keine betrieblichen Gründe gegen die Stundenreduzierung vor. Wenn die Verringerung der Arbeitszeit die Organisation, den Arbeitsablauf oder die Sicherheit im Betrieb wesentlich beeinträchtigt oder unverhältnismäßige Kosten verursacht, kann die Stundenreduzierung verweigert werden.

Wird die Arbeitszeitverkürzung genehmigt, haben Sie erst nach zwei Jahren wieder einen Anspruch auf eine erneute Verringerung der Arbeitszeit. Wenn Sie also noch mehr Zeit für die Nebenerwe rbsselbständigkeit benötigen, müssten Sie sich mit dem Betrieb in der Zwischenzeit einigen oder mit einem etwas langsameren Wachstum Ihres Unternehmens leben.
Der gesetzliche Anspruch auf eine verringerten Stundenanzahl im Hauptjob klingt auf den ersten Blick sehr reizvoll. Doch Sie müssen bedenken, dass Sie damit auch Einschränkungen auf sich nehmen. Ihr Gehalt verringert sich, Ihre Ausgaben bleiben gleich.

Nebenbei selbständig – was bewirkt das bei Sozial- und Krankenversicherung?

Wenn Sie nebenbei selbständig sind, hat das Auswirkungen auf die Kranken-, Pflege- und Rentenversicherung. Zunächst beschreiben wir die Fälle, in denen die Nebenerwerbsselbständigkeit zusätzlich zu einer bestehenden Beschäftigung aufgenommen wird. Danach stellen wir Ausnahmen vor, die für Künstler, für Studenten, Arbeitslose und Sozialhilfeempfänger gelten.

Kranken- und Pflegeversicherung

Als Versicherter bei einer gesetzlichen Krankenversicherung müssen Sie Ihrer Krankenversicherung mitteilen, wenn Sie eine selbständige Tätigkeit aufnehmen. Diese wird auf Sie zukommen und erfragen, welchen Umfang diese zusätzliche Tätigkeit hat. Hintergrund: Die Krankenkasse will herausfinden, ob es sich wirklich nur um eine nachrangige Tätigkeit gegenüber der Hauptbeschäftigung handelt oder um mehr. Die Entscheidung über Ihren Status trifft Ihre Krankenversicherung. Dabei gibt es zwischen den einzelnen Versicherern keine völlig einheitliche Regelung.

Werden Sie als hauptberuflicher Arbeitnehmer eingestuft, ändert sich für Sie nichts – sie sind als Arbeitsnehmer versichert und auch die Beiträge bleiben dieselben. Wird hingegen entschieden, dass Ihre Selbständigkeit die vorrangige Tätigkeit in Ihrem momentanen Leben ist, müssen Sie sich wie ein Voll-Selbständiger versichern. In der Regel wird Ihre Krankenversicherung Sie als hauptberuflichen Arbeitnehmer einstufen, wenn Sie mindestens 18 Stunden in der Woche in Ihrer Haupttätigkeit arbeiten und Ihr Bruttogehalt mindestens die Hälfte der so genannten monatlichen „Bezugsgröße" überschreitet. Die Bezugsgröße wird jährlich neu festgelegt.Im Internet finden Sie die gültigen werte bei Krankenkassen und Renten- und Sozialversicherungsträgern. 2006 wurde man demnach mit einem Verdienst im Hauptjob von mehr als 1225 Euro als „hauptamtlicher" Arbeitnehmer eingestuft.
Wenn die Nebenerwerbsselbständigkeit im Verhältnis zur Haupttätigkeit eine nachrangige Bedeutung hat, sind die Konsequenzen überschaubar. In der Kranken- und der mit ihr verbundenen Pflegeversicherung ändert sich dann nichts.

Sie werden als hauptsächlich selbständig eingestuft

Wenn die neu angegebene Nebenerwerbsselbständigkeit in Wirklichkeit zeitlich und finanziell eine größere Bedeutung hat als die bisherige Haupttätigkeit, hat dies weitreichende Folgen für das Versicherungsverhältnis. Sie werden dann als Selbständiger (und nicht mehr als Arbeitnehmer) angesehen. Auch wenn Sie mindestens einen sozialversicherungspflichtigen Beschäftigten haben, werden Sie grundsätzlich als Vollzeit-Selbständiger angesehen. Damit müssen Sie sich selbst um die Absicherung im Krankheitsfall kümmern.

Es stehen Ihnen grundsätzlich drei Möglichkeiten offen:

1. Sie bleiben als freiwillig Versicherter in der gesetzlichen Krankenversicherung.
2. Sie versichern sich bei einer privaten Krankenversicherung.
3. Sie nehmen das Kranken- und Pflegerisiko auf sich.

Von der letzten Möglichkeit ist jedoch dringend abzuraten. Schon die Behandlung kleinerer Erkrankungen oder eines Unfalls kann Sie in die Überschuldung und damit den Konkurs führen. Somit stellt sich im Prinzip nur die Frage, ob Sie besser freiwillig in der gesetzlichen Krankenversicherung bleiben oder sich privat absichern sollten. Dieses Problem stellt sich für alle Vollzeitselbständigen, daher finden Sie Details hierzu in Kapitel 6, wenn wir den Übergang in die Vollselbständigkeit beschreiben.

Eine Ausnahme besteht für Künstler und Publizisten. Dazu mehr auf S. 61.

Familienversicherung über Ehepartner

Eine wichtige Besonderheit müssen Sie außerdem beachten, wenn Ihre Kranken- und Pflegeversicherung über eine Familienversicherung läuft, d.h., wenn Sie beispielsweise über Ihren Ehepartner abgesichert sind. Die beitragsfreie Familienversicherung endet, sobald Sie als hauptberuflich Selbständiger eingestuft werden oder sobald Sie ein Einkommen von mehr als 350 Euro pro Monat haben. Hierbei versteht die Krankenversicherung Einkommen im Sinne der Einkommenssteuerrechtes, sie betrachtet also die Summe über alle Einkunftsarten. Überschreiten Sie diese Grenze, müssen Sie sich um eine eigene Kranken- und Pflegeversicherung kümmern.

TIPP

Beachten Sie genau, ab wann Sie sich um eine eigene Kranken- und Pflegeversicherung kümmern müssen. Je erfolgreicher Ihr neues Geschäft läuft, desto eher fallen Sie aus der Familienversicherung heraus. Es kann passieren, dass nur ein Auftrag mehr Sie über eine Schwelle bringt und damit viel höhere Kosten für Kranken- und Pflegeversicherung auf Sie zukommen, als Sie durch das Honorar für den zusätzlichen Auftrag bekommen. Hier ist Rechnen angesagt. Möglicherweise hat es Sinn, Ihr Auftragsvolumen zu begrenzen, bis Sie die Schwelle weit überschreiten können und das zusätzliche Einkommen sich lohnt.

Rentenversicherung

Mit dem Beginn Ihrer Teilzeitselbständigkeit fallen zunächst keine zusätzlichen Beiträge zur gesetzlichen Rentenversicherung an. Denn es gilt, dass Selbständige eigenverantwortlich für das Alter vorsorgen müssen. Jedoch gibt es eine Vielzahl von Berufen, für die eine Pflicht zur Mitgliedschaft in der gesetzlichen Rentenversicherung besteht. Sie müssen also prüfen, ob Ihre Tätigkeit zu den pflichtversicherten Berufen gehört, die in § 2 SGB VI genannt sind. Wenn Sie pflichtversichert sind, müssen Sie zusätzliche Beiträge zahlen (neben den Beiträgen aus Ihrer Haupttätigkeit).

TIPP

Zu den pflichtversicherten Selbständigen gehören u.a.

- Lehrende und Erziehende
- Handwerker, wenn sie in der Handwerksrolle eingetragen sind
- Hebammen und Entbindungspfleger
- Personen in der Kranken-, Wochen-, Säuglings- oder Kinderpflege
- Künstler und Publizisten
- arbeitnehmerähnliche Selbständige („Scheinselbständige“)
- weitere Berufe wie Küstenfischer

Diese Versicherungspflicht wird gerade angesichts der unsicheren gesetzlichen Renten als Nachteil empfunden – denn das Geld für die gesetzliche Rentenversiche-rung kann nicht in private Vorsorge fließen. Trotzdem: Gehören Sie zu einer dieser Gruppen und ist Ihre Tätigkeit weder geringfügig noch kurzfristig, müssen Sie, ob Sie wollen oder nicht, in die gesetzliche Rentenversicherung einzahlen.

Befreiungen von der Rentenversicherungspflicht

Wann können Sie sich auf Geringfügigkeit oder Kurzfristigkeit berufen? Die Frage der Geringfügigkeit ist vergleichsweise einfach zu klären. Wenn Sie mit Ihrer Selbständigkeit ein regelmäßiges Einkommen unter 400 Euro pro Monat haben, fallen Sie unter die Geringfügigkeit und damit aus der Versicherungspflicht heraus.
Mit der Kurzfristigkeit verhält es sich komplizierter. Sie dürfen der Tätigkeit höchstens 50 Tage oder 2 Monate im Jahr nachgehen. Dabei ist es erlaubt, dass Sie mehr als 400 Euro pro Monat verdienen – allerdings kommt die Kurzfristigkeit nur in Frage, wenn Sie der Tätigkeit nicht berufsmäßig nachgehen. Nach Einschätzung

der Rentenversicherung ist die in Frage kommende Tätigkeit nicht berufsmäßig, wenn sie z.B. neben einer Hauptbeschäftigung erfolgt. Was bedeutet das konkret? Es ist kein Problem, wenn Sie beispielsweise als angestellter Ingenieur gelegentlich einen Kurs an der Volkshochschule geben oder hier und da als Sportreporter für die Lokalredaktion einspringen, obwohl Sie im Hauptberuf eigentlich Polizist sind. In diesem Fall dürfen Sie sogar mehr als 400 Euro verdienen. Nur die Arbeitszeit entscheidet.
Wenn die Tätigkeit hingegen berufsmäßig ist, dann können Sie die Ausnahmeregel von der Rentenversicherungspflicht nicht nutzen. Das träfe zum Beispiel zu, wenn unserer Gelegenheits-Sportreporter nicht Polizist wäre, sondern Sportjournalist. Dann müsste er unter der Einkommensgrenze von monatlich 400 Euro bleiben, um die Rentenversicherungsbeiträge zu sparen.

TIPP

Prüfen Sie, ob Sie zu der Gruppe der pflichtversicherten Selbständigen gehören! Ist dies der Fall und können Sie sich nicht auf die Ausnahmeregeln berufen, werden Beiträge fällig. Diese sind immer zusätzlich zu denen aus einer Haupttätigkeit zu zahlen. Sie können von Ihnen auch nachträglich verlangt werden. Dabei können Nachzahlungen von Tausenden Euro fällig werden.

Gerade die Gruppe der Lehrenden und Erziehenden, aber auch die der pflegerischen Tätigkeiten sind hier gefährdet. Wenn Sie beispielsweise Computerkurse erteilen oder Nachhilfe geben, gehen Sie einer lehrenden Arbeit nach. Nehmen sie diese Rentenversicherungspflicht nicht auf die leichte Schulter!

Vielleicht ist dies ein Trost für Sie als pflichtversicherte Selbständige: Sie haben, analog zu pflichtversicherten Arbeitnehmern, einen Zugang zur staatlichen Förderung einer privaten Altersvorsorge (der „Riester-Rente"), über die Sie sich in jedem Falle informieren sollten.

Spezialfall: Soziale Absicherung von Künstlern und Publizisten

Wollen Sie künstlerisch oder publizistisch arbeiten? Dann gelten für Sie spezielle Spielregeln. Denn für selbständige Künstler und Publizisten gibt es eine spezielle Einrichtung der sozialen Sicherung, die „Künstlersozialkasse" (KSK). Sie führt die Beiträge der über sie versicherten Selbständigen an die Renten-, Kranken- und Pflegeversicherung ab. Der Vorteil für Journalisten,

Schauspieler oder Maler: Sie müssen wie Arbeitnehmer nur die Hälfte der Beiträge zahlen. Die andere Hälfte zahlt die KSK. Diesen Teil finanziert sie aus verschiedenen Quellen wie Mitteln des Bundes, Zahlungen der von Rundfunkanstalten oder für Konzerte eingenommene Künstlersozialabgaben.

Wenn Sie die gesetzlichen Voraussetzungen erfüllen, sind sie verpflichtet, sich bei der KSK versichern. Zu den versicherungspflichtigen Berufen gehören Künstler und Publizisten, die im Inland leben und hier erwerbsmäßig einer künstlerischen Tätigkeit nachgehen. Wichtig ist, dass Sie der jeweiligen Tätigkeit dauerhaft und nicht nur vorübergehend nachgehen. Dass Sie Ihre künstlerische oder publizistische Tätigkeit lediglich als Nebenerwerb betreiben, ist kein Zugangshindernis zur Künstlersozialkasse (außer Sie verdienen pro Jahr weniger als 3900 Euro mit dieser Tätigkeit). Wichtig ist der Erwerbscharakter. Wenn Sie beispielsweise nur als Hobbymusiker ohne Gage auftreten, reicht dies nicht aus, um in den Genuss der KSK zu kommen.

TIPP

Wer ist Künstler oder Publizist?
- Sie sind Künstler, wenn Sie darstellende Kunst, bildende Kunst oder Musik schaffen, ausüben oder lehren.
- Sie sind Publizist, wenn Sie als Schriftsteller, Journalist oder in vergleichbarer Art publizistisch arbeiten.
- Die Definition der künstlerischen bzw. publizistischen Arbeit ist relativ weit. Sie sind selbst als Musiklehrer hiervon erfasst.
- In jedem Fall wird die KSK mit Hilfe eines Fragebogens Details Ihrer Tätigkeit abfragen. Von Ihnen können weitere Nachweise über Ihre Arbeit verlangt werden.

Der Vorteil der sozialen Absicherung über die KSK liegt außerdem in der Berechnung Ihrer Beiträge. Diese orientieren sich immer an Ihren jeweiligen Einkünften. In künstlerischen Berufen können die Einkünfte von Monat zu Monat stark schwanken. Ein weiterer Vorteil ist der Anspruch auf Krankengeld nach 6 Wochen Arbeitsunfähigkeit.

Allerdings gibt es auch Ausschlusskriterien. Sie werden nicht in die KSK aufgenommen,
- wenn Sie nicht mindestens ein Einkommen von 3.900 Euro im Jahr aus der künstlerischen bzw. publizistischen Tätigkeit vorweisen können,

• wenn Sie mehr als einen Arbeitnehmer beschäftigen oder
• wenn Sie die Tätigkeit als Künstler bzw. Publizist erst nach dem 65. Lebensjahr beginnen.

In den ersten drei Jahren können Sie sich auch dann über die KSK absichern, wenn Sie unter 3.900 Euro verdienen. Der Versicherungsschutz bleibt darüber hinaus auch bestehen, wenn diese Grenze innerhalb von 6 Jahren nicht mehr als zwei Mal unterschritten wird. Weiterhin gilt, dass Sie durchaus mehr als einen Arbeitnehmer beschäftigen dürfen, wenn dieser nicht mehr als 400 Euro verdient (Mini-Job-Regelung).

Buchtipp: Wolfgang Kiesel: Von Beruf frei, Preis: 15 Euro, 2003, ISBN: 3 935819 161

Selbständig neben dem Studium

Wenn Sie sich neben einem Studium selbständig machen möchten, müssen Sie, wie andere Teilzeitselbständige auch, mögliche Grenzen und Veränderungen im Bereich der Sozialversicherung beachten. Von Vorteil ist für Sie, dass Sie als Student keinem Arbeitgeber gegenüber eine Informationspflicht haben. Allerdings sollten Sie bedenken, dass auch die nebenberufliche Selbständigkeit Auswirkungen auf Ihren Studienerfolg haben kann. Pro forma schließt ein Studium das Ausüben einer anderen Haupttätigkeit aus.

Kranken- und Pflegeversicherung: Wenn Sie im Rahmen einer Familienversicherung über die Eltern beitragsfrei krankenversichert sind, fällt diese in dem Moment weg, in dem Sie mehr als 350 Euro pro Monat verdienen (ein Siebtel der so genannten Bezugsgröße).
Die Berechnung erfolgt nach dem Einkommenssteuerrecht. Die BaföG-Zahlungen werden nicht mit eingerechnet. Überschreiten Sie diese Einkommensgrenze, müssen Sie sich selbst in der studentischen Krankenversicherung versichern, dies gilt allgemein auch dann, wenn Sie das 25. Lebensjahr beenden. Dann werden unabhängig von der Wahl der gesetzlichen Krankenversicherung im Monat 47,53 Euro für die Krankenversicherung und 7,92 für die Pflegeversicherung fällig (bzw. 9,09 Euro für Kinderlose ab 23 Jahren). Die studentische Krankenversicherung kann höchstens bis zum 30. Lebensjahr bzw. zum 14. Fachsemester genutzt werden.

Das gilt jedoch nur, wenn Sie die Nebenerwerbsselbständigk eit auch tatsächlich nebenbei betreiben. Um unangenehmen Überraschungen vorzubeugen, müssen auch Studierende ihre Krankenversicherung regelmäßig über die Nebentätigkeit informieren. Wie in anderen Fällen entscheidet dann die Versicherung, ob die Nebentätigkeit nachrangig zum Studium ist. Ist dies der Fall, bleiben Sie im Studentenstatus, sei es im Rahmen der Familienversicherung oder der studentischen Krankenversicherung. Stellt die Krankenversicherung fest, dass Sie in Wirklichkeit Vollselbständiger sind und das Studium nur nachrangig verfolgen, gelten für Sie die Regelungen für Vollzeit-Selbständige (dazu mehr in Kapitel 6).

Kindergeld: Der Anspruch auf Kindergeld entfällt, wenn Kinder ein eigenes Einkommen von mehr als 7.680 Euro pro Jahr erzielen. Für die Ermittlung des Gesamteinkommens werden alle Einkommensarten zusammengenommen. Also auch jene aus abhängiger Beschäftigung oder etwa aus Waisenrenten. Das Einkommen aus einer selbständigen Tätigkeit wird ebenfalls eingerechnet. Dabei werden von den Einkünften die entsprechenden Betriebsausgaben und Werbungskosten abgezogen. Eine für Sie erfolgreiche Teilzeitselbständigkeit kann für Ihre Eltern, die das Kindergeld für Sie erhalten, eine böse Überraschung bedeuten. Überschreiten Sie die Einkommensgrenze, muss bereits erhaltenes Kindergeld wieder zurückgezahlt werden.

Auswirkungen auf BaföG: Wenn Sie zur Finanzierung Ihres Studiums Leistungen nach dem Bundesausbildungsförderungsgesetz (BAföG) beziehen, müssen Sie wachsam sein. Diese Leistungen sollen es Ihnen ermöglichen, sich voll auf das Studium zu konzentrieren und es innerhalb der Regelstudienzeit zu beenden. Daher ist der Berechtigungszeitraum auf eine bestimmte Semesteranzahl beschränkt.
Die Anrechungsregeln bei BaföG-Leistungen sind kompliziert. Diese Werte gelten allgemein: Die Höhe der BAföG-Förderung ändert sich solange nicht, wenn Sie nicht mehr als 4.206,62 Euro brutto im Bewilligungszeitraum verdienen (Zusammensetzung: 2.580 Euro + 920 Euro Werbungskosten + 21,5 Prozent Sozialpauschale). Umgerechnet auf 12 Monate ändert sich die Höhe der BAföG-Förderung nicht, wenn das eigene Einkommen des Studierenden 350,55 Euro pro Monat nicht übersteigt. Wer mehr verdient, bekommt weniger. Bei 400 Euro pro Monat wird die BAföG-Förderung um 38,82 Euro vermindert. Insgesamt wird

Ihnen als BAföG-Empfänger unterstellt, dass Sie Ihr Studium ähnlich wie eine Vollzeittätigkeit betreiben. Demnach steht neben einer angenommenen 40-Stunden-Woche nur wenig Zeit für unternehmerische Aktivitäten zur Verfügung. Falls Sie BAföG erhalten und den Bezug auch in Zukunft nicht gefährden wollen, bleibt Ihnen also nur ein geringer Spielraum für die Nebenerwerbsselbständigkeit.

Besonderheiten für Arbeitslose

Wenn Sie sich aus der Arbeitslosigkeit heraus selbständig machen wollen, können Sie dies auch zunächst in Form einer Teilzeit-Selbständigkeit tun. Sie müssen jedoch einige Besonderheiten beachten.
Zunächst – und hier sollten Sie gründlich abwägen – kommen die Fördermöglichkeiten zur Existenzgründung der Bundesagentur für Arbeit – der „Existenzgründungszuschuss“ (Ich-AG) und das „Überbrückungsgeld“ – für Sie nicht in Frage. Die beiden Förderungen werden nur Arbeitslosen zuerkannt, die eine Vollzeit-Selbständigkeit gründen und damit ganz aus dem Status als Arbeitsloser herausfallen. Wegen dieses Ausschlusskriteriums befassen wir uns hier nicht weiter mit beiden Instrumenten.

Mit dem Vierten Gesetz für moderne Dienstleistungen am Arbeitsmarkt (so genanntes Hartz IV-Gesetz) ergeben sich zum 1. Januar 2005 insbesondere für Bezieher von Arbeitslosenhilfe wichtige Änderungen. Die Neuregelungen haben auch Folgewirkungen für Arbeitslose, die sich im Nebenerwerb selbständig machen wollen. Im Folgenden gehen wir zunächst auf die Bezieher des Arbeitslosengeldes I ein, im Anschluss auf die Bezieher des neu eingeführten Arbeitslosengeldes II.

Wie viel dürfen Sie als Arbeitsloser nebenbei arbeiten?

Sind Sie als Arbeitsloser bei der Bundesagentur für Arbeit gemeldet und beziehen Arbeitslosengeld I, entscheidet allein der zeitliche Umfang, Tätigkeit, darüber, ob die Nebentätigkeit zulässig ist. Solange Sie weniger als 15 Stunden in der Woche arbeiten, behalten Sie Ihren Status als Arbeitsloser. Allerdings stellt die Bundesagentur auf die tatsächlich verwendete Zeit für die Nebentätigkeit ab. Wenn Sie beispielsweise Fortbildungen oder Kurse anbieten, zählt hierzu nicht nur die Zeit, die Sie vor Ort mit dem eigentlichen Unterricht verbringen, sondern auch die zur Vor-

und Nachbereitung benötigte Zeit. Denn Sie müssen ja überwiegend der Arbeitsvermittlung zur Verfügung stehen und sich aktiv um eine neue Beschäftigung bemühen. Die Nebentätigkeit müssen Sie der Arbeitsagentur vor Beginn mitteilen; verlangt werden dabei Auskünfte nicht nur zum zeitlichen Umfang, sondern auch zum voraussichtlichen Verdienst.
Solange Sie unter dem Dach der Bundesagentur geführt werden, müssen Sie sich an die entsprechenden Spielregeln halten. Dazu gehört, dass Sie der Arbeitsvermittlung zur Verfügung stehen. Werden Ihnen freie Stellen angeboten, müssen Sie sich bewerben. Wird Ihnen eine berufliche Weiterbildung nahe gelegt, können Sie diese nicht mit dem Verweis auf Ihre Zuerwerbstätigkeit ablehnen. Hier liegt allerdings auch eine Chance: Sie können angebotene Weiterbildungen für sich als Vorbereitung auf eine geplante Gründung – sei es in Teil- oder in Vollzeitform – nutzen. Vielleicht können Sie im Einzelfall auch der Arbeitsagentur konkrete Vorschläge für Weiterbildungsmaßnahmen machen.

Anrechnung von Einkommen

Auch wenn Sie den Status als Arbeitsloser behalten, müssen Sie unter Umständen mit einer Anrechnung des Verdienstes aus der Nebentätigkeit rechnen. Zunächst müssen Sie immer den Gewinn aus der Nebentätigkeit angeben. Dieser berechnet sich aus den Einnahmen abzüglich Ihrer betrieblichen Ausgaben. Die Abzugsfähigkeit richtet sich nach den Regelungen des Einkommensteuerrechtes. Beispielsweise können Sie Porto- und Telefonkosten oder Ausgaben für Ihre Geschäftsräume anrechnen. Vom verbleibenden Gewinn dürfen Sie zunächst bis zu 165 Euro anrechungsfrei behalten. Es werden bei jedem eingenommenen Euro pauschal 30 Prozent als Betriebskosten abgezogen. Haben Sie höhere Betriebskosten, müssen Sie dies mit Rechnungen und Quittungen nachweisen. Liegen Sie unter 30 Prozent, können Sie von der Regelung besonders profitieren. Der verbleibende Betrag Ihrer Einnahmen wird dann auf die Leistungen der Arbeitsagentur angerechnet. Dieser Freibetrag erscheint zunächst recht gering. Doch bedenken Sie, dass zu Beginn der Nebenerwerbsselbständigkeit kaum Gewinne anfallen, weil beispielsweise höhere Anlaufkosten zu Buche schlagen. Wenn sich ein unternehmerischer Erfolg absehen lässt, ist es wahrscheinlich ohnehin Ihr Ziel, nicht mehr als Arbeitsloser registriert zu sein.

Kranken-, Pflege- und Rentenversicherung

Solange Sie als Arbeitsloser gelten, werden Ihre Beiträge zur Kranken-, Pflege- und Rentenversicherung von der Bundesagentur für Arbeit übernommen. Wenn Sie jedoch absehen können, dass für eine bestimmte Zeit Ihr Arbeitsaufwand in der Nebenerwerbsselbständigkeit zunimmt, können Sie sich für einige Zeit bei der Arbeitsagentur abmelden und werden dann nicht mehr als arbeitslos geführt. Doch Vorsicht: In diesem Augenblick müssen Sie sich selbst um eine entsprechende Absicherung kümmern, wie jeder andere Vollzeitselbständige auch (vgl. Kapitel 6). Nachdem diese arbeitsintensive Phase beendet ist, beispielsweise weil Sie ein größeres Einzelprojekt zu bearbeiten hatten, können Sie sich wieder arbeitslos melden und sind über die Arbeitsagentur abgesichert. Dieser Wechsel ist so lange möglich, wie Sie auch Anspruch auf Leistungen der Arbeitsagentur haben. Beispielsweise bleibt der Anspruch auf Arbeitslosengeld I bis zu 4 Jahre nach dessen Entstehen erhalten.

Besonderheiten bei Arbeitslosengeld II und Sozialgeld

Während es sich beim Arbeitslosengeld I um eine aus Beiträgen finanzierte Sozialversicherung handelt, wird das neu geschaffene Arbeitslosengeld II sowie das Sozialgeld für Angehörige aus dem allgemeinen Steueraufkommen finanziert. Alle erwerbsfähigen und hilfebedürftigen Arbeitssuchenden zwischen 15 und 65 Jahren erhalten Arbeitslosengeld II. Deren nicht erwerbsfähige Angehörige erhalten Sozialgeld. Zuständig ist die Bundesagentur für Arbeit gemeinsam mit den Städten und Gemeinden.
Im Gegensatz zum Arbeitslosengeld I findet hier immer eine Bedürftigkeitsprüfung statt, die sich nicht auf den Arbeitssuchenden allein, sondern auf die so genannte Bedarfsgemeinschaft bezieht. Darunter fallen neben dem erwerbsfähigen Hilfebedürftigen auch der (Ehe-)Partner, die Eltern und minderjährige Kinder, soweit diese im Haushalt leben.
Die Geldleistungen nach Arbeitslosengeld II und Sozialgeld setzen sich aus den pauschalen Regelleistungen, den Zusatzleistungen für besondere Lebenssituationen und den Unterkunftskosten zusammen.

Neben diesen Leistungen gibt es weitere Leistungen, welche die Wiedereingliederung in das Erwerbsleben fördern sollen. Hierzu gehören u.a. persönliche Kinderzuschläge für Familien und Lohnzuschüsse („Einstiegsgeld"). Außerdem gibt es persönliche Betreuer („Fallmanager") in den Job-Centern. Dem stehen jedoch verschärfte Anforderungen an die Empfänger dieser Leistungen gegenüber: Die Zumutbarkeitsanforderungen für die Aufnahme einer neuen Beschäftigung sind erhöht. Lehnen Sie solche Arbeit ab, kann das Kürzungen des Arbeitslosengeldes II zur Folge haben. Als Empfänger von Arbeitslosengeld II sind Sie von der Förderung durch Überbrückungsgeld oder Existenzgründungszuschuss („Ich-AG") ausgeschlossen. Jedoch steht das neu eingeführte Einstiegsgeld zur Verfügung. Es kann für einen Zeitraum von bis zu 24 Monaten gewährt werden, seine Höhe ist nicht fest vorgegeben und orientiert sich an der Situation der Bedarfsgemeinschaft und der Dauer der Arbeitslosigkeit. Die Entscheidung über die Gewährung eines Zuschusses zum Arbeitslosengeld II liegt beim Fallmanager der Bundesagentur für Arbeit. Das Einstiegsgeld kann die Funktion eines Lohnzuschusses haben, doch ist damit auch die gezielte Förderung der Aufnahme einer selbständigen Tätigkeit möglich. Beim Einstiegsgeld handelt es sich jedoch um eine Kann-Bestimmung. Das heißt, es liegt im Ermessen des jeweiligen Fallmanagers, einen entsprechenden Zuschuss zu gewähren.

Anrechnung von Einkommen

Die Hinzuverdienstregeln wurden im Oktober 2005 geändert. Seitdem gibt es auch hier einen Grundfreibetrag. ALG II Bezieher können neben den Leistungen des ALG II anrechnungsfrei 100 Euro hinzuverdienen. Erst ab einem Bruttolohn von über 100 Euro erfolgt eine Anrechnung auf das ALG II. Die Freibeträge für Bruttoverdienste oberhalb des Grundfreibetrages von 100 Euro und bis zur Obergrenze werden in zwei Schritten aus dem Bruttoverdienst berechnet. Von Bruttoverdiensten zwischen 100 und 800 Euro bleiben 20 % anrechnungsfrei und von dem 800 Euro übersteigenden Bruttoverdienst bleiben bis zur Obergrenze 10 % anrechnungsfrei. Die Obergrenze beträgt für Bedarfsgemeinschaften ohne Kind 1.200 Euro und für Bedarfsgemeinschaften mit mindestens einem minderjährigen Kind 1.500 Euro.

Sie rechnen : Bruttoverdienst minus 100 Euro Freibetrag. Vom Rest nehmen Sie 20 Prozent und rechnen diese Summe zum Freibetrag hinzu wenn Ihr Einkommen unter 800 Euro liegt. Liegt es über 800 Euro, können Sie weiterhin 100 Euro Freibetrag behalten plus 140 Euro aus dem Einkommen zwischen 100 und 800 Euro plus 10 Prozent des Betrages Ihres Einkommens minus der ersten 800.

Die folgtende Tabelle zeigt einige Beispiele:

Sie verdienen z.B.	Frei-betrag	Freibetrag von 20% des Bruttoentgelts von 100 bis 800 Euro und 10% des Bruttoentgelts von 800 bis Höchstgrenze		Das bleibt Ihnen
100 €	100 €		0	= 100 €
300 €	100 €	+ 20 % von den verbleibenden 200 €	40 €	= 140 €
800 €	100 €	+ 20 % von den verbleibenden 700 €	140 €	=240 €
900 €	100 €	+ 20 % von den ersten 700 € plus 10 % von den 100 €, oberhalb der 800 €-Grenze	140 € + 10 € =150 €	=250 €
1200 € (Höchstgr. bei Kinderlosen)	100 €	+ 20 % von den ersten 700 € plus 10 % von den 400 €, oberhalb der 800 €-Grenze	140 € + 40 € =180 €	=280 €
1500 € (Höchstgr. mit Kind)	100 €	+ 20 % von den ersten 700 € plus 10 % von den 700 €, oberhalb der 800 €-Grenze	140 €+ 70 € =210 €	=310 €

Ab einem Bruttoverdienst von 400 Euro können Werbungskosten, Private Versicherungsbeiträge, Beiträge für Riester-Rente abgesetzt werden, sofern die Summe der Absetzbeträge 100 Euro übersteigt.

Kranken-, Pflege- und Rentenversicherung

Alle Empfänger des Arbeitslosengeldes II sind in der gesetzlichen Kranken- und Pflegeversicherung versichert, soweit keine Familienversicherung besteht. Zudem gibt es eine Absicherung in der gesetzlichen Rentenversicherung, allerdings auf dem Niveau des Mindestbeitrages. Alle nicht erwerbsfähigen Angehörigen, die Sozialgeld bekommen, sind ebenfalls in der gesetzlichen Kranken- und Pflegeversicherung versichert, jedoch nicht in der Rentenversicherung.

Scheinselbständigkeit: Wie und warum sie vermieden wird

Gerade zu Beginn einer selbständigen Tätigkeit besteht die Gefahr, dass Sie aus rechtlicher Sicht kein „echter“ Selbständiger sind. Vor allem dann, wenn Sie zunächst nur für einen Auftraggeber tätig werden. Diese Problematik betrifft häufig freiberuflich Tätige, die sich auf einem schmalen Grat zwischen Selbständigkeit und abhängiger Tätigkeit bewegen.

Die Abgrenzung zwischen der Selbständigkeit und der Scheinselbständigkeit ist bisweilen schwierig, auch weil der Gesetzgeber die Zwischenkategorie des „arbeitnehmerähnlichen

Selbständigen“ definiert hat. Jedoch können Sie anhand eines einfachen Fragenkataloges prüfen, ob Sie in Gefahr sind, von Behörden als Scheinselbständiger eingestuft zu werden.

TIPP

Wenn von den folgenden Kriterien drei oder mehr auf Sie zutreffen, werden Sie als Scheinselbständiger angesehen:

1. Sie beschäftigen keine sozialversicherungspflichtigen Arbeitnehmer, die mehr als 400 Euro pro Monat verdienen.
2. Sie sind auf Dauer und überwiegend nur für einen Auftraggeber tätig. Als Faustregel gilt, dass 5/6 Ihres Umsatzes (etwa 84%) auf dieser Tätigkeit beruhen.
3. Sie weisen keine für Unternehmer typischen Tätigkeitsmerkmale auf. Hierzu gehören z.B. organisatorische Unabhängigkeit vom Auftraggeber, freie Zeiteinteilung und freie Arbeitsstättenwahl, Werben neuer Kunden.
4. Die Tätigkeit beim Auftraggeber wird außer von Ihnen auch regelmäßig durch von ihm beschäftigte Arbeitnehmer durchgeführt.
5. Sie gehen beim Auftraggeber einer Tätigkeit nach, die Sie zuvor im Rahmen einer abhängigen Beschäftigung verrichtet haben.

Werden Sie im Rahmen einer Prüfung, beispielsweise durch die Rentenversicherungsträger (Bundesversicherungsanstalt für Angestellte bzw. Landesversicherungsanstalten) als Scheinselbständiger eingestuft, gilt für Sie die volle Versicherungspflicht in der gesetzlichen Renten-, Kranken-, Pflege- und Arbeitslosenversicherung. Damit verbunden sind auch rückwirkende Beitragsnachzahlungen.
Wenn auf Sie lediglich die ersten beiden Kriterien zutreffen, werden Sie zu der Gruppe der „arbeitnehmerähnlichen Selbständigen“ gezählt. Sie sind dann dem Grunde nach selbständig tätig, müssen jedoch den vollen Beitrag in der gesetzlichen Rentenversicherung entrichten, das heißt sowohl den Arbeitnehmer- als auch den Arbeitgeberanteil (z. Zt. 19,5%) zahlen.
Was Sie tun können, um nicht als Scheinselbständiger eingestuft zu werden:

- Vergegenwärtigen Sie sich die oben genannten Kriterien. Zunächst ist es für Sie wichtig, möglichst viele verschiedene Auftraggeber aufzuweisen, an die Sie auch nicht allzu lange gebunden sein sollten. (Die Unabhängigkeit von einem einzelnen Auftraggeber ist darüber hinaus auch aus ökonomischer Sicht wichtig, um bei Ausfall eines Auftraggebers den Geschäftserfolg insgesamt nicht zu gefährden.)

• Wenn immer möglich, treten Sie eigenständig am Markt auf, beispielsweise durch Anzeigen in örtlichen Zeitungen oder durch Ihre eigene Homepage.

• In Ihrer Tätigkeit sollten Sie nach außen ersichtlich möglichst unabhängig und weisungsfrei von Ihrem Auftraggeber handeln können. Hierzu gehört auch, sich nicht in die internen betrieblichen Abläufe einbinden zu lassen (z.B. auf Mitarbeiter- oder Telefonlisten zu erscheinen, Dienste zu übernehmen).

• Wenn Sie es einrichten können, sollten Sie eigene Geschäfts- oder Büroräume vorweisen und nicht in den Räumen des Auftraggebers arbeiten.

Zum Weiterlesen: Rund um das Thema Scheinselbständigkeit: **www.bfa.de** – Bundesversicherungsanstalt für Angestellte.

Sicher ist sicher: Welche persönlichen Versicherungen für Sie wichtig werden können

Neben der Absicherung im Rahmen der gesetzlichen Sozialversicherung müssen Sie als Nebenerwerbsgründer eine Reihe anderer persönlicher Risiken in Kauf nehmen – oder sich über Versicherungen vor den Folgen schützen (Krankheit, Unfälle oder Berufsunfahigkeit). Natürlich können Sie nicht alle Eventualitäten abdecken. Vielmehr sind bestimmte Versicherungen eindeutig empfehlenswert, andere im Vergleich überflüssig.
Welche Risiken sollten Sie in jedem Fall bedenken? Aus Erfahrungen der Praxis sollten hier zwei genannt werden: die Berufsunfähig keitsversicherung und die Alterssicherung über die gesetzliche Rentenversicherung hinaus.

Eine Berufsunfähigkeitsversicherung tritt dann ein, wenn Sie aus gesundheitlichen Gründen nicht in der Lage sind, Ihrem Beruf nachzugehen. Ihre Arbeitskraft ist Ihr höchstes Gut, ganz gleich, ob Sie in einem Angestelltenverhältnis stehen oder Nebenerwerbs- oder Vollselbständiger sind. Wenn Sie krankheitsbedingt nur noch teilweise oder gar nicht mehr arbeiten können, springt zwar aus der gesetzlichen Rentenversicherung die so genannte Erwerbsminderungsrente ein. Allerdings ist diese seit dem Jahr 2001 in Ihren Leistungen deutlich eingeschränkt worden, so dass eine private Absicherung unerlässlich erscheint.

Die Kosten richten sich in der privaten Berufsunfähigkeitsversicherung und einer privaten Rentenversicherung nach einer Vielzahl von Faktoren (z.B. vereinbarter Rentenbetrag im Falle der Erwerbsunfähigkeit, Geschlecht, Alter). Diese Versicherungen sind – unabhängig von der Nebenerwerbstätigkeit – sehr sinnvoll. Allerdings ist eine intensive Beratung notwendig. Das Angebot an Versicherungen ist vielschichtig. Die häufig angebotenen Versicherungspakete müssen nicht immer Ihren Bedürfnissen entsprechen.

Gesetzliche Unfallversicherung

Die gesetzliche Unfallversicherung wird von den Berufgenossenschaften getragen und ist zuständig bei Arbeitsunfällen und Berufskrankheiten. Sie deckt auch das Risiko von Wegeunfällen ab. Für Selbständige einiger Branchen besteht eine Pflichtversicherung. Ist dies nicht der Fall, können Sie sich auch freiwillig versichern.

Ob eine Mitgliedschaft in der gesetzlichen Unfallversicherung für Ihre Tätigkeit vorgeschrieben ist und welche der zahlreichen, nach Gewerben organisierten Berufsgenossenschaften für Sie zuständig ist, erfahren Sie bei Branchenverbänden.

TIPP

Die Berufgenossenschaften beraten Sie in der Regel kostenlos zu allen Fragen der Arbeitsplatzbeschaffenheit, besonders mit Blick auf Sicherheit und Ergonomie. Eine frühzeitige Beratung ist sinnvoll, sobald Sie Mitarbeiter beschäftigen. Damit können Sie nachträglichen Auflagen und damit unnötigen Kosten vorbeugen.

Betriebliche Versicherungen

Neben der bisher behandelten persönlichen Absicherung gegenüber Risiken sollten Sie auch als Nebenerwerbsgründer betriebliche Risiken absichern. Entsprechende Versicherungsangebote stehen zahlreich zur Verfügung. Oft werden Versicherungspakete angeboten, die sich an Selbständige in bestimmten Branchen oder Gewerben richten. Solche Programme sind oft sinnvoll, denn Sie müssen betriebliche Versicherungen immer auf die besondere Situation in Ihrer Tätigkeit abstimmen. Zunächst sollten Sie sich darüber klar werden, welchen Risiken Ihre unternehmerische Tätigkeit ausgesetzt ist, und in einem zweiten Schritt sollten Sie eine Prioritätenliste der Risiken anfertigen, die Sie absichern wollen.

Wenn Sie etwa aufgrund gesetzlicher Bestimmungen für fehlerhafte Produkte haften, ist die Produkt-Haftpflichtversicherung von besonderer Bedeutung. Die Risiken können zwar möglicherweise durch Maßnahmen Ihrerseits vermieden oder abgemildert werden. Dies wird jedoch nicht in allen Fällen möglich sein.

Betriebliche Versicherungen können in zwei Gruppen geteilt werden. Zum einen gibt es Haftpflichtversicherungen, die Schäden reguliert, die Sie Dritten zugefügt haben. Zum anderen gibt Sachversicherungen rund um Ihren Betrieb, die Sie nach „innen" absichern.

Was ist wichtig? Eine Betriebshaftpflichtversicherung, eventuell kombiniert mit einer Produkt-Haftpflichtversicherung, gehört zu den Versicherungen, die Sie abschließen sollten.
Diese tritt für Sach-, Vermögens- oder Personenschäden ein, die Sie Dritten zufügen. Möglicherweise können Sie eine bestehende Privathaftpflichtversicherung auf Ihre berufliche Tätigkeit ausweiten. Ist dies nicht möglich, so können Sie im Rahmen einer betrieblichen Versicherung diese Risiken absichern. Eine solche Versicherung ist umso sinnvoller, je mehr Sie direkt bei Kunden tätig sind und dort Schäden verursachen könnten.

Nähere Auskünfte erhalten Sie bei den verschiedenen Berufsverbänden, die oft selbst entsprechende Versicherungen anbieten. Ob Sie eine Produkthaftpflichtversicherung benötigen hängt davon ab, ob Sie für Schäden durch von Ihnen angebotene Produkte haftbar gemacht werden können und dies unabhängig von einem persönlichen Verschulden. Stellen Sie sich beispielsweise vor, Sie stellen nebenbei Skateboards her, deren Material brüchig ist – so müssen Sie unter Umständen haften, wenn sich der Kunde verletzt.
Kurz: Wenn Sie Hersteller, Lieferant oder Lizenznehmer für bestimmte Produkte sind, sollten Sie den Abschluss einer solchen Versicherung erwägen.

In die Gruppe der Sachversicherungen fallen Feuerversicherungen, Versicherung gegen Einbruch und Diebstahl oder Elektronik- und Softwareversicherungen. Wie wertvoll sind Ihre Anlagen? Welches Risiko besteht? Geht Ihre Geschäftsgrundlage verloren, wenn jemand Ihnen einen Computer stiehlt? Dann kann sich eine solche Versicherung lohnen.

In jedem Falle sollten Sie sich mehrere Angebote für den gewünschten Versicherungsumfang einholen, denn die Kosten unterscheiden sich erheblich.

TIPP

Wichtiger Praxistipp: Gehen Sie gerade zu Beginn der Nebenerwerbstätigkeit keine langjährigen Versicherungsverträge ein und überprüfen Sie Ihre bestehenden Verträge mindestens jährlich. Risiken können sich verlagert haben. Hier müssen Sie dann Ihren Versicherungsschutz anpassen.

Steuern – Was Sie wissen müssen

Das deutsche Steuersystem und Steuerrecht ist nach wie vor unübersichtlich und kompliziert. Daher können wir in unseren Erläuterungen nur auf Grundzüge eingehen. Im jeweiligen Einzelfall müssen Sie die Beratung durch Spezialisten in Anspruch nehmen.
Aus steuerlicher Sicht sind für den Nebenerwerbsgründer zunächst zwei Steuerarten von Bedeutung: Die Einkommens- und Mehrwertsteuer. Oft weniger oder gar nicht von Bedeutung ist dagegen die Gewerbesteuer.

Jeder Teilzeit-Selbständige ist steuerlich gesehen ein spezieller Fall, mit seiner eigenen Welt an Fragen und Problemen. Bemühen Sie sich rechtzeitig um einen Steuerberater Ihres Vertrauens. Achten Sie auf Empfehlungen von anderen Selbständigen. Nur wer wirklich versiert ist, schafft die Steuererklärung noch selbst. Fast immer sind Steuerberater besser in der Lage, Ihnen beim Steuern sparen zu helfen. Die Kosten für den Steuerberater sind Betriebskosten und können vom zu versteuernden Einkommen abgezogen werden.

Einkommenssteuer

Ob und wie Ihr betrieblicher Erfolg einer Besteuerung unterliegt, entscheidet sich im deutschen Steuerrecht anhand der Rechtsform Ihres Betriebes. Dabei werden Personengesellschaften von den Kapitalgesellschaften unterschieden. Unter Nebenerwerbsgründern sind nur sehr wenige zu finden, die eine Kapitalgesellschaft aufbauen – etwa in Form einer Gesellschaft mit beschränkter Haftung (GmbH). Vielmehr werden Sie ein Personenunternehmen führen, etwa als Einzelunternehmen oder als so genanntes BGB-Unternehmen. In diesen Fällen erfolgt die Besteuerung im Rahmen der Einkommenssteuer. (Mehr zum Thema Rechtsformen auf S98f)

Sie müssen jährlich bei Ihrem zuständigen Finanzamt eine Einkom menssteuererklärung abgeben. Halten Sie sich dabei an die Fristen: Für das abgelaufene Kalenderjahr muss die Erklärung bis zum 31. Mai des Folgejahres abgegeben werden. Die Steuererklärung für 2005 ist also spätestens am 31.05.2006 einzureichen. Wenn Sie einen Steuerberater für die Steuererklärung in Anspruch nehmen, verlängert sich diese Frist auf den 30. September des betreffenden Jahres.

Immer wenn Sie es mit dem Finanzamt zu tun haben, sollten Sie Termine ernst nehmen. Dies gilt für die Zahl der Einkommenssteuer, aber auch für die Umsatzsteuer. Denn das Finanzamt kann Verspätungs- und Säumniszuschläge erheben. Sie verschenken damit bares Geld an die Finanzverwaltung. Können Sie einmal nicht pünktlich zahlen, bitten Sie um Stundung oder Ratenzahlungen – bleiben sie keinesfalls untätig.

Bedenken Sie, dass in den Finanzämtern Menschen arbeiten. Bei Fragen und Unklarheiten sollten Sie nicht zögern, den zuständigen Bearbeiter anzurufen. Schließlich ist dieser zur Auskunft gern bereit und teilweise auch verpflichtet. Sie erhalten Ihre Informationen direkt aus erster Hand. Darüber hinaus ist ein persönlicher Kontakt nicht von Schaden, denn Sie werden als Selbständiger, ob in Teil- oder Vollzeit, immer wieder mit den Finanzbehörden zu tun haben.

Berechnung der Einkommenssteuer

Das zu versteuernde Einkommen wird aus insgesamt sieben Einkunftsarten ermittelt. Sie geben die entsprechenden Einkünfte an, wenn diese bei Ihnen angefallen sind.

TIPP

Sieben Einkunftsarten, die entsprechenden Einkünfte müssen Sie auf gesonderten Bögen angeben:

1. Einkünfte aus Landwirtschaft und Forsten
2. Einkünfte aus Gewerbebetrieb
3. Einkünfte aus selbständiger Arbeit
4. Einkünfte aus nichtselbständiger Arbeit

5. Einkünfte aus Kapitalvermögen
6. Einkünfte aus Vermietung und Verpachtung
7. Sonstige Einkünfte

Zu den Einkunftsarten gehören damit auch Einkünfte aus Gewerbebetrieben und selbständiger Tätigkeit. Zu letzterer gehören auch Einkünfte aus freiberuflicher Tätigkeit. Für die Einkommenssteuererklärung füllen Sie einen so genannten „Mantelbogen" mit allgemeinen Angaben aus. Zusätzlich ist jede der Einkunftsarten auf einem gesonderten Bogen anzugeben. Für Einkünfte aus selbständiger Tätigkeit ist dies beispielsweise der Bogen „GSE". Seit geraumer Zeit haben Sie auch die Möglichkeit, die Steuererklärung über das Internet abzugeben. Hierzu müssen

Sie das ELSTER-Programm der Finanzverwaltung verwenden. Das Programm steht zum kostenfreien Download im Internet unter: **www.elster.de** zur Verfügung.

Das zu versteuernde Einkommen wird aus den verschiedenen Einkunftsarten ermittelt. Dabei können positive Einkünfte in einer Einkunftsart (zum Beispiel der Haupterwerbstätigkeit) negativen Einkünften („Verlusten") in anderen Einkunftsarten gegenüberstehen. Gerade zu Beginn einer Nebenerwerbsselbständigkeit sind Verluste normal.
Als Selbständiger im Nebenerwerb müssen Sie also sowohl die Einkünfte aus nichtselbständiger Arbeit (Bogen N) als auch die aus selbständiger Arbeit (Bogen GSE) angeben. Bei den Einkünften aus nichtselbständiger Arbeit werden von Ihrem Bruttolohn die Werbungskosten abgezogen, bei den Einkünften aus selbständiger Arbeit werden von Ihren Betriebseinnahmen die Betriebsausgaben abgezogen. Versteuert wird das Einkommen nach Abzug der Betriebsausgaben.
Dazu müssen Sie wissen, welche Ausgaben Sie als Betriebskosten geltend machen können: Grundsätzlich sind dies alle Ausgaben, die in direktem Zusammenhang mit der Tätigkeit stehen und ausschließlich durch diese entstanden sind. Zu den wichtigsten anrechenbaren Betriebsausgaben gehören zum einen laufende Ausgaben (z.B. Büromaterial, Mieten, Telefon- und Portokosten) und zum anderen auf mehrere Jahr verteilte Abschreibungen auf Anschaffungen (z.B. Computer, Mobiliar). In Kapitel 5 gehen wir auf das Thema Betriebskosten und Steuern genauer ein.

Bei Ihrer Einkommenssteuererklärung können Sie manche Ausgaben entweder der Haupttätigkeit oder der Nebenerwerbsselbständigkeit zuordnen, so dass Sie einen gewissen Spielraum haben.

Im nächsten Schritt fasst das Finanzamt diese beiden Einkunftsarten zusammen. Von dieser Summe der Einkünfte können noch Sonderausgaben abgezogen werden (z.B. Spenden oder Vorsorgeaufwendungen). Zudem können Sie verschiedene Freibeträge in Anspruch nehmen.

TIPP

Steuerfreie Übungsleiterpauschale – für Sie interessant?
Danach sind Einnahmen bis zu 1848 Euro pro Jahr steuerfrei. Voraussetzung ist eine Tätigkeit als Übungsleiter/-in für gemeinnützige Organisationen, öffentliche Träger oder kirchliche Einrichtungen. Der Übungsleiterbegriff ist recht weit. Hierunter fallen Tätigkeiten als Lehrer, Erzieher oder Trainer. Allerdings müssen diese nebenberuflichen Charakter haben, d.h., sie dürfen Sie zeitlich nicht allzu sehr binden, selbst wenn Sie gar nicht berufstätig sein sollten. Als Faustregel müssen Sie beachten, dass die Übungsleitung nicht mehr als 13 Stunden pro Woche umfassen darf. Die Übungsleiterpauschale ist nicht nur steuerfrei, auf diese fallen auch keine Sozialbeiträge an. Allerdings können Sie auch keine Betriebsausgaben geltend machen.

Ihre Angaben zu den Betriebseinnahmen und Betriebsausgaben werden für selbständige Tätigkeiten zunächst vom Finanzamt zur Kenntnis genommen. Auf diesen Angaben beruht u.a. Ihr Einkommenssteuerbescheid. Dieser wird häufig unter dem Vorbehalt der Nachprüfung erteilt, d.h. das Finanzamt behält sich vor, Ihre Angaben nachzuprüfen. Dies geschieht unter Umständen im Rahmen einer Betriebsprüfung vor Ort. Deswegen sind Sie verpflichtet, alle Belege aufzubewahren. Und zwar je nach Beleg sechs bis zehn Jahre lang.
Es ist eigentlich nicht notwendig, zu betonen, dass Sie bei all Ihren Angaben zu Betriebseinkünften und Betriebsausgaben bei der Wahrheit bleiben und auf Vollständigkeit achten müssen. Die Finanzämter nehmen laufend stichprobenartige Überprüfungen vor und sind in der Lage, logische Ungereimtheiten zu erkennen. Verwenden Sie Ihre Tatkraft also nicht dazu, Ihre Steuererklärung in Ihrem Sinne zu verzerren! Nutzen Sie diese Energie lieber für Ihr Unternehmen.

Bewahren Sie alle Unterlagen auch aus dem Vorfeld Ihrer Gründung auf. Sie können bestimmte Ausgaben, die zur Vorbereitung angefallen sind (z.B. kostenpflichtige Beratungs-gespräche oder Reisekosten), als steuermindernde Betriebsausgaben anerkennen lassen.

Höhe der Einkommenssteuer

Das deutsche Einkommenssteuersystem ist mit einer so genannten Steuerprogression versehen. Dies bedeutet, dass mit zunehmendem Einkommen auch ein immer größerer Teil Ihres zusätzlichen Einkommens in Form von Steuern abgeführt werden muss. Je erfolgreicher Sie sind, desto mehr Steuern zahlen Sie. Dies gilt auch für die Nebenerwerbsselbständigkeit. Das über sämtliche Einkunftsarten ermittelte Einkommen ist bis zu einer Höhe von 7.664 Euro bzw. 15.328 Euro bei gemeinsam veranlagten Ehegatten steuerfrei. Über diesen Betrag hinaus Verdienende beginnt der Eingangssteuersatz zu greifen, dieser liegt für 2005 bei 15% und steigt mit zunehmendem Einkommen auf 42% ab einem Einkommen von 55.007 Euro (Verheiratete: 110.015 Euro) an. Details zu den Steuersätzen können Sie in den regelmäßig veröffentlichten Grund- und Splittingtabellen nachschlagen.
Als Nebenerwerbsgründer der einer anderen hauptberuflichen Tätigkeit nachgeht müssen Sie also in der Einkommenssteuererklärung beide Einkunftsarten angeben, darüber hinaus auch weitere, wenn dies auf Sie zutrifft. Denken Sie etwa an Einnahmen aus Vermietung und Verpachtung. Neben einer unselbständigen Tätigkeit sind 410 Euro pro Jahr an gewerblichen Einkünften steuerfrei, darüber hinaus wird ein steuerlicher Härteausgleich gewährt. Erst ab einer Höhe von 810 Euro/Jahr unterliegen Ihre gewerblichen Einkünfte der vollen Besteuerung.

Umsatzsteuer

Während die Einkommens- und Gewerbesteuer am Betriebserfolg ansetzen, ist die Umsatzsteuer anders konzipiert. Sie sind hier im Prinzip der verlängerte Arm der Finanzbehörden. Sie zahlen Umsatzsteuer (auch als Mehrwertsteuer bezeichnet) auf alle Waren, die Sie von anderen kaufen, und verlangen im Gegenzug Umsatzsteuer von Ihren Kunden. Als Unternehmer bekommen Sie die gezahlten Umsatzsteuern für Ihre Betriebsmittel vom Finanzamt zurück und führen die eingenommene Steuer an das Finanzamt ab. Ausnahme: Sie wählen die Kleinunternehmer-

Regelung und müssen keine Umsatzsteuer erheben – und somit auch nicht abführen. Mehr dazu auf S. 102. Daneben sind einige Tätigkeiten völlig von der Umsatzsteuerpflicht befreit (vgl. § 4 Umsatzsteuergesetz). Hierunter fallen beispielsweise Heilpraktiker oder Physiotherapeuten aber auch Dozenten an berufsqualifizierenden Schulen.

Berechnung der Umsatzsteuer

Bei der Umsatzsteuer tauchen verschiedene Begriffe auf, die kurz erläutert werden sollen. Der Besteuerung unterliegt der Umsatz von Waren und Dienstleistungen. Dabei gibt es zwei verschiedene Steuersätze, einen Regelsteuersatz von 16% (19% ab 2007) und einen ermäßigten Steuersatz von 7%. Das Umsatzsteuergesetz legt fest, wann der ermäßigte Steuersatz zu erheben ist. Hierunter fallen z.B. Bücher und Zeitungen oder die meisten Nahrungsmittel und bei den Dienstleistungen die schöpferische Tätigkeiten. Darüber hinaus gibt es auch Fälle, in denen gar keine Umsatzsteuer zu zahlen ist, wie etwa internationale Flugtickets.

Die jeweilige Umsatzsteuer schlagen Sie also auf den Preis auf, den Sie für ein Produkt oder eine Dienstleistung von Ihren Kunden verlangen, und weisen sie auf Rechnungen als solche aus. Als Unternehmer sind Sie berechtigt, Umsatzsteuerzahlungen, die Ihnen von anderen Unternehmen in Rechnung gestellt werden (so genannte Vorsteuer), mit der an das Finanzamt abzuführenden Mehrwertsteuer zu verrechnen. Diese Vorsteuerabzugsberechtigung ermöglicht Ihnen als Unternehmer also, vergünstigt einzukaufen, beispielsweise Büromaterial. (Dies gilt nicht, wenn Sie sich für die Kleinunternehmer-Regel entscheiden.)

Umsatzsteuerverfahren

Die Umsatzsteuer die Sie beim Verkauf von Waren und Dienstleistungen einnehmen, müssen Sie im Rahmen der so genannten Umsatzsteuervoranmeldung an das zuständige Finanzamt abführen. Dabei können Sie die Steuern, die Sie für Betriebsmittel gezahlt haben, gleich gegenrechnen. Dadurch ist es möglich, dass Sie innerhalb einer Abrechnungsperiode vom Finanzamt Geld erhalten, statt welches zu zahlen. Die Umsatzsteuervoranmeldung erfolgt zunächst monatlich, die Steuer muss spätestens bis zum 10. des Folgemonats überwiesen werden. Sie müssen also für die entsprechende Zahlungsfähigkeit sorgen und im eigenen Interesse die Zahlungstermine immer genauestens einhalten. Sie können bei Ihrem Finanzamt eine

Verschiebung der Anmeldungs- und Zahltermine beantragen und damit einen Monat Aufschub erhalten.
In den ersten zwei Jahren Ihres Unternehmens bleibt es bei der monatlichen Anmeldung, sie kann später vom Finanzamt auf einen größeren Zeitraum (z.B. dreimonatliche Umsatzsteuerüberweisung) erweitert werden. Nach Ablauf eines Jahres müssen Sie in allen Fällen eine Umsatzsteuererklärung einreichen, damit unter Berücksichtigung der Vorauszahlungen die jährliche Umsatzsteuerschuld berechnet werden kann. Diese Erklärung muss bis zum 31. Mai des Folgejahres beim Finanzamt eingehen. Seit kurzem können Sie dies auch über das Internet mit dem oben genannten ELSTER-Programm erledigen.

Gewerbesteuer

Gewerbesteuer zahlen nur Gewerbetreibende. Dies sind Sie, wenn Sie sich beim Gewerbeamt angemeldet haben. Die Gewerbesteuer ist eine Steuer, die von den Kommunen auf alle Gewinne erhoben wird. Sie dient der Finanzierung der kommunalen Ausgaben. Gehen Sie einem freien Beruf nach, müssen Sie keine Gewerbesteuer zahlen. Allerdings können Gewerbetreibende, die ein Personenunternehmen führen, diese Steuer als Betriebs-ausgabe verbuchen und damit bei der Ermittlung der Einkommenssteuer anrechnen lassen. Die Gewerbesteuer muss alle drei Monate entrichtet werden, die Anrechnung folgt dann mit der Einkommenssteuererklärung des jeweiligen Jahres.
Als Nebenerwerbsgründer dürften Sie von der Gewerbesteuer häufig gar nicht betroffen sein, da der betriebliche Gewinn bis zu einem Betrag von 24.500 Euro pro Jahr von der Gewerbesteuer befreit ist. Zudem erhalten Sie bis zu 72.500 Euro pro Jahr Ermäßigungen für Gewerbeerträge. Bei der oben genannten Anrechenbarkeit der Gewerbesteuer auf die Einkommenssteuer müssen Sie beachten, dass die Anrechnung nur dann möglich ist, wenn Sie tatsächlich Einkommenssteuer zahlen müssen. Dabei kann die Anrechnung auch nur bis zu der Höhe der zu zahlenden Einkommenssteuer reichen. Die Entlastungswirkung der Anrechnung variiert natürlich je nach dem, wie hoch Ihr persönlicher Einkommenssteuersatz ist.

Für diese Steuer wird ausgehend vom Gewinn des Unternehmens ein so genannter Steuermessbetrag ermittelt. Auf diesen Betrag wird dann der örtliche Hebesatz (angegeben in Prozent) angewendet. Dieser Hebesatz variiert von Ort zu Ort, da die Kommunen einen Festlegungsspielraum bei dieser Steuer haben. Er kann zwischen 0 und 500 Prozent liegen, wobei Sätze unter 200 Prozent eher die Ausnahme darstellen. Wenn Sie also dem Grunde nach der Gewerbesteuer unterliegen, lohnt sich ein Vergleich der örtlichen Hebesätze. Dies gilt insbesondere, wenn Sie in der Wahl des Standortes flexibel sind.

TIPP

Gründungsidee: Das Schreibbüro

Mit einem Schreibbüro in die Selbständigkeit zu gehen ist vor allem eine Option für Sekretärinnen und Sekretäre – aber auch für Deutschlehrer oder andere, die sowohl sicher in Rechtschreibung und Grammatik sind als auch schnell und versiert am Computer. Immer seltener ist das reine Abtippen von Texten gefragt. Viel öfter sind inzwischen Dienstleistungen gefragt, die unter „Formatieren" zusammenzufassen sind. Studenten lassen ihre Diplomarbeiten in Form bringen, Firmen wollen, dass Sie Ihren Berichten den letzten Schliff geben. Dazu sollten Sie sicher im Erstellen von Folien und Präsentationen sein. Auch das Versenden von Serienbriefen oder Kuvertieren sind gefragte Dienstleistungen. Wenn Sie sich mit medizinischen oder juristischen Fachbegriffen auskennen und diese sicher benutzen und buchstabieren können, sind Sie als Spezialist im Vorteil. Auch Privatleute nutzen Schreibbüros, beispielsweise um Einladungen zu Hochzeiten oder Geburtstagen gestalten und versenden zu lassen. Wenn Sie gern vielseitig arbeiten und auch mal tagsüber einspringen können, sind kleinere Firmen oder Freiberufler für Sie geeignet. Dort fehlt oft ein eigenes Sekretariat – gleichwohl fallen oft zeitaufwändige Arbeiten an. Machen Sie mit einer einleuchtenden Beispiel-Rechnung deutlich, was es den Firmen bringt, Sie zu engagieren, statt Schreibarbeiten selbst zu bearbeiten. (Bedenken Sie – mit Ihren Kenntnissen arbeiten Sie schneller und gründlicher, als ein ungeübter Heilpraktiker, Journalist oder Handwerker seine Arbeiten am Computer erledigen kann.)

Ihr Einstieg klappt am besten im Sommer – dann gibt es wegen der Urlaubszeit in Firmen oft Engpässe. Ihre Werbung funktioniert bei Dienstleistungen für größere Firmen am besten, wenn Sie sich mit einer ansprechend gestalteten „Bewerbungsmappe" bei ihnen vorstellen. Praxistipp: Lesen Sie Stellenanzeigen in der Lokalzeitung. Auch wenn Sie sich nicht auf die Stelle bewerben wollen – dort wo eine Stelle neu besetzt werden soll, ist meistens vorübergehend ein Engpass. Auch wenn eine Grippewelle Sie verschont hat, könnten Sie händeringend gebraucht werden. Es lohnt sich oft, sich mit dem Schreibbüro auf wenige regelmäßige Auftraggeber zu konzentrieren. Deren Anforderungen an die Dokumente kennen Sie bald sehr genau und haben die Kopfbögen schon auf Ihrem Rechner gespeichert.

Erfolgsfaktoren:

- **Vereinbar mit dem Hauptberuf** Aufträge sind oft langfristig und Sie können die Zeit selbst einteilen.
- **Die Idee trägt sich finanziell:** Die laufenden Kosten sind gering, der Service lässt sich von Zuhause aus erledigen. Ihr Service trägt sich finanziell, das beweisen viele positive Beispiele. Doch nur, wenn Sie sich nicht unter Wert anbieten. Berechnen Sie die Preise für Ihre Dienstleistungen sorgfältig. Stoppen Sie, wie schnell Sie bestimmte Aufgaben erledigen können, und bedenken Sie, dass sich die Kosten für Probeausdrucke summieren – dies gehört in Ihre Kalkulation. Kosten für Folien, besonderes Papier oder ähnliches Zubehör stellen Sie den Firmen separat in Rechnung.
- **Idee funktioniert in Teilzeit:** Die Kunden (vor allem, wenn sie zu Stammkunden werden) kontaktieren Sie per Fax oder E-Mail. Sie sollten auch eine Homepage haben und diese auf entsprechenden Service-Seiten Ihrer Stadt platzieren – auch wenn das Geld kostet. Es bietet sich an, einen Auftrags-bogen oder Rahmenvertrag auf der Homepage zu hinterlegen, den die Firmen beim ersten Auftrag ausfüllen und unterschrieben zusenden.
- **Idee mit Ausbaumöglichkeiten:** Mehr Aufträge, Telefonbeantwortungsservice. Ein Büro im Gründerzentrum oder in einem Gewerbegebiet bringt Sie näher an die Kunden und verschafft Ihnen neue Auftraggeber.
- **Geringe Anfangsinvestition** Sie brauchen einen zuverlässigen Computer mit der gängigen Software, einen sehr guten Drucker, Faxgerät und einige Zusatzgeräte – je nach Service – wie Scanner, Laminiergerät, Kuvertiermaschine.

Wie sieht es in der Zukunft aus?

Professionelle Services für Firmen und Freiberufler werden immer wichtiger, denn der Trend geht zum „outsoucing“ – das heißt, um die Mitarbeiterzahl klein zu halten, werden solche Dienstleistungen an Außenstehende vergeben. Das ist Ihr Vorteil. Jedoch ist es wichtig, sich nicht von einem Auftraggeber abhängig zu machen, denn im Rahmen von Kosteneinsparungen können Auftraggeber leicht auf die Idee kommen, dass sie sich Ihren Service nicht mehr leisten können.

Ähnliche Konzepte:

• Grafik-Service: Sie erstellen Firmenbriefpapier, entwerfen Logos oder stellen schicke Firmenbroschüren und Faltblätter her (dafür sollten Sie entsprechend ausgebildet sein – heute ist es auch für Laien einfach, Kopfbögen herzustellen. Ihr Service sollte sich von diesen durch besondere Qualität und Professionalität abgrenzen)

• Marketing-Service: Sie führen für Firmen Marketing-Aktionen durch – vom Entwerfen und Verteilen von Postwurf-Sendungen bis zum Betreuen eines Info-Standes auf dem Stadtmarkt (vor allem, wenn Sie gute und frische Ideen für die Werbung haben, die für kleine Firmen erschwinglich sind).

• Pressearbeit: Sie vertreten Firmen vor der Presse, erarbeiten Pressemitteilungen, organisieren Führungen oder rufen Journalisten an. Gerade kleine Firmen vernachlässigen diese Art der Werbung (hier ist eine journalistische Ausbildung nötig).

• Event-Service für Firmen: Sie organisieren Firmenfeste und Empfänge „all inklusive“ – von der Einladungskarte bis zum kalten Buffett.

Zum Weiterlesen:

- Broschüre „Ich-AG und andere Kleingründungen“ – Bundesministerium für Wirtschaft und Arbeit **www.existenzgruender.de**
- Gründerzeiten Nr. 34 – Ein weites Feld! Thema Steuern; wie alle Gründerzeiten-Hefte zum Herunterladen oder Bestellen unter **www.existenzgruender.de**
- **www.bstbk.de** Bundessteuerberaterkammer (u. a. Online-Steuerberater-Suchdienst)
- Gründerzeiten Nr. 41 – Persönliche Absicherung für Existenzgründer und Unternehmer Gründerzeiten Nr. 24 – Betriebliche Versicherungen
- **www.berufsgenossenschaft.de** Hotline der Berufsgenossenschaften 01805/188088 (12ct/min),
- Für Arbeitslose und Sozialhilfeempfänger: Gründerzeiten Nr. 16 – Existenzgründung aus der Arbeitslosigkeit

4

Die Gründungsphase: Von der Idee zum Konzept Oder: Wir lernen schwimmen ...

In diesem Kapitel erfahren Sie:

- Wie Sie Ihre Gründungsidee für die Nebenberuflichkeit fit machen
- Wie Sie Ihren Erfolg planen können und einen Überblick über die Finanzen bekommen
- Wie Sie einfach loslegen – und trotzdem sauber arbeiten: Anmeldungen und Gründungsschritte
- Welche Entscheidungen Sie sonst noch treffen müssen, bevor Sie richtig loslegen
- Was für und was gegen ein Heimbüro spricht und wie Sie das Beste daraus machen

So machen Sie Ihr Unternehmen fit für die Teilzeit-Selbständigkeit

Grundsätzlich ist fast jede Geschäftsidee für einen nebenberuflichen Start geeignet. Vom Landschaftsgärtner bis zum Bügelservice, vom Fliesenleger bis zur Babysitter-Vermittlung ist kaum eine Idee nur dann realisierbar, wenn man seine ganze Kraft und Zeit in sie investiert. Ein guter Service oder ein gutes Produkt lassen sich immer auch in Teilzeit an den Kunden bringen. Nur müssen Sie etwas findiger sein, um Ihren „Nachteil" auszugleichen. Ideal ist es, wenn Sie es schaffen, diesen Nachteil sogar zu einem Vorteil umzufunktionieren – also Ihre Idee genau so zu verkaufen, dass es dem Kunden sogar als etwas besonders Positives vorkommt, dass Sie nur nachmittags Zeit haben oder an den Wochenenden.

Es gilt also – und dabei wollen wir ihnen jetzt helfen – das Besondere aus einer Idee herauszukitzeln, um Sie für eine Teilzeitselbständigkeit fit zu machen und so an all Ihren Mitbewerbern vorbei an die Kunden zu bringen.

Ungewöhnlich = Unwiderstehlich

Marketing-Experten nennen dies das „Alleinstellungsmerkmal" (Unique Selling Proposition, USP) – das für die Zielgruppe Ungewöhnliche an Ihrer Idee, das Sie von ähnlichen Services und Produkten unterscheidet und somit zum Verkaufsargument wird.
Nehmen Sie sich folgende Idee: Jemand träumt seit Jahren davon, ein eigenes Hotel zu haben. Geht nicht in Teilzeit? Nun, es wird sicher schwierig, wenn Sie an ein Hotel in der Innenstadt denken mit Restaurant und Nachtbar, mit Portier und ein paar Zimmermädchen. Solche Hotels werden sogar von mehreren voll eingespannten Mitarbeitern betrieben. Aber was wäre denn mit einem kleinen ungewöhnlichen Familien-Hotel? Einer ganz besonderen und preiswerten Adresse für das Wochenende und die Ferien? Mit kleinen Zimmern unterm Dach, einer Grill-Ecke im Garten und Familienanschluss? Viele Menschen – vor allem in Ferienregionen – betreiben neben ihrer Arbeit kleine Hotels in ihren Häusern oder auf ihren Bauernhöfen. Hier ist das Alleinstellungsmerkmal gerade das Familiäre, die Atmosphäre wie zu Hause – und da sitzt ja auch nicht den ganzen Tag jemand an einer Rezeption.
Oder eine ganz andere Möglichkeit, aus einer nicht gerade unge-

wöhnlichen Idee das ganz Besondere herauszukitzeln: Wie wäre es mit einem Kinderhotel? Wenn die Eltern kurzfristig verreisen müssen und die Oma keine Zeit hat – oder etwa an Silvester, wenn sowohl Eltern als auch Babysitter auf Partys gehen wollen, dann schlägt Ihre Stunde. Für die Eltern ist es wichtig zu wissen, dass die Kinder in einem kleinen Haus in guten, quasi familiären Händen sind. Die Kinder fühlen sich als etwas ganz Besonderes, wenn sie sich wie die Großen an einer Rezeption anmelden oder in einem kleinen Frühstücksrestaurant statt am Küchentisch essen. Ein solcher Service lässt sich mit der Tätigkeit als (Tages-)Mutter verbinden oder mit einer freiberuflichen Arbeit, bei der Sie sich die Zeit frei einteilen können. Voraussetzung ist natürlich, Sie haben den Platz und Ihr Vermieter oder das Gewerbeaufsichtsamt haben nichts dagegen, wenn Sie aus einer Privatwohnung eine gewerblich genutzte Wohnung machen.
Selbst Läden, Kneipen oder Restaurants können auf Teilzeit-Basis funktionieren. Vor allem dann, wenn Sie sich an ein nachbarschaftliches Publikum wenden, das sich an die Öffnungszeiten gewöhnt. Denken Sie sich etwa ein kleines Lokal, in dem am Wochenende Musikgruppen auftreten, ungewöhnliche Kinofilme gezeigt werden oder die Bühne offen für die Künstler aus der Stadt ist. Das Angebot auf der Bühne lockt die Menschen in Ihr Lokal. Flyer mit dem Programm für den nächsten Monat haben viele an ihrer Küchen-Pinnwand festgemacht. Und von Montags bis Mittwochs ist geschlossen. Oder nicht einmal das – oft suchen Vereine, Firmen oder Privatleute Lokale, die sie für Feiern mieten können, ohne gleich zu Restaurant-Preisen essen und trinken zu müssen. Wichtig ist, dass es sich um etwas Besonderes handelt – etwas, das die anderen Lokale in Ihrer Stadt nicht bieten. Ebenso kann ein Laden mit selbst getöpferten Küchenutensilien oder Ihrer eignen Modekollektion auch an wenigen Tagen in der Woche geöffnet sein. Vielleicht dann, wenn viele Ausflügler unterwegs sind? Auf dem Lande gibt es manchmal auch Lebensmittelläden, die nebenbei betrieben werden. Oft von jungen Müttern, die sich die Arbeit untereinander aufteilen.

Eine Möglichkeit, die vielleicht auch aus anderen Gründen für Sie in Betracht kommt: Wenn Sie mit Partnern gründen, können Sie Kinderbetreuung abstimmen oder sich gegenseitig in Zeiten vertreten, in denen der andere unabkömmlich ist. Dazu müssen Sie nicht einmal zusammen ein gemeinsames Unternehmen gründen. Ladengemein-schaften, Bürogemeinschaften oder ähnliche Formen können auch zwischen einer Schneiderin und einer Kunstgewerbe-

Händlerin funktionieren. Oder zwischen einer Grafikerin und einem Fotografen oder zwischen einem Buchhalter und einem Gestalter von Webseiten. Oft lassen sich die Services kombinieren und man kann – ganz wie große Unternehmen – ein Komplett-Paket anbieten.

Merken Sie? Es geht fast alles. Und je mehr man darüber nachdenkt, desto mehr fällt einem ein – oder? Typisch und empfehlenswert sind für Teilzeit-Selbständige Ideen und Services, die sich ohne große Investitionen verwirklichen lassen.

TIPP

Gründung nebenbei – Solche Ideen funktionieren am besten

- Geringe laufende Kosten (für Miete, Personal u.ä.)
- Geringe Anfangsinvestitionen (für Büroausstattung, Technik und Geräte)
- Man kann stundenweise arbeiten oder es ist für die Auftraggeber unwichtig, wann an dem Auftrag gearbeitet wird – solange er pünktlich erledigt ist.
- Es gibt Entwicklungsmöglichkeiten (etwa vom persönlichen Fitness-Trainer zum Inhaber einer Tages-Schönheitsfarm).
- Es passt zu Ihren Fähigkeiten, Interessen und Qualifikationen und macht trotzdem ihrer eigentlichen Tätigkeit keine Konkurrenz (das gilt für Arbeitnehmer).

Ideal wäre, wenn Sie für Ihre Selbständigkeit ein Hobby zum Beruf machten. Wenn Sie zum Beispiel schon seit Jahren seltene Obstbäume oder Rosen züchten und nun auch verkaufen und im eigentlichen Beruf Lehrer sind. Oder wenn Sie gern an Computern herumbasteln und einen Computer-Notdienst aufmachen, aber in Ihrem eigentlichen Job als Buchhalterin arbeiten.
Beste Voraussetzungen haben auch Menschen mit relativ breit einsetzbarer Ausbildung. Als kaufmännischer Angestellter kann man für einen Gerüstbauer arbeiten – und gleichzeitig die Buchhaltung für eine Zoohandlung und einen Bäcker übernehmen.

Wie Sie aus Nachteilen Vorteile machen

Dennoch gilt es, den Nachteil „Teilzeit“ in einen Vorteil umzuwandeln. Einige Ideen:

Nachteil: Sie haben nur nach Feierabend Zeit

Ganz einfach geht das bei Dienstleistungen für Privatleute: Sie kennen das von sich selbst: Manchmal dauert es Wochen, bis Sie es schaffen, bei der Änderungsschneiderei vorbeizugehen, weil die immer dann geöffnet hat, wenn Sie arbeiten müssen. Und so steht es mit vielen Dingen. Mit einem Feierabendservice füllen Sie eine echte Marktlücke und können weiterhin tagsüber Ihrer eigentlichen Arbeit nachgehen. Als Wasch- und Bügelservice, Hausmeister auf Abruf, Computer-Doktor oder Webdesigner können Sie Ihre Kunden nach deren Feierabend betreuen.
Wer hingegen Dienstleistungen für Firmen anbietet, muss oft auch tagsüber erreichbar sein. Ideal für Teilzeit-Selbständige sind deshalb langfristige Projekte, die nicht innerhalb von Stunden, sondern eher in einigen Tagen nach der Auftragsvergabe fertig sein müssen. Denken Sie etwa an einen Design-Service für Geschäftspapiere. Meist wird verabredet, dass Sie nach ein paar Tagen die ersten Ideen vorweisen. Damit können Sie die Arbeit selbst so legen, wie es Ihre Zeit erlaubt.
Die Auftragsannahme bei Firmenkunden ist da schon schwieriger. Denn man wird Sie nicht nach Feierabend anrufen. Was tun?
Zunächst – auch „Vollzeit-Selbständige“ oder Angestellte sind nicht immer erreichbar. Wenn sie Termine haben, springt auch dort der Anrufbeantworter an. Eine freundliche und professionelle Ansage motiviert den potenziellen Auftraggeber zunächst einmal, seine Telefonnummer zu hinterlassen. Wenn Sie zuverlässig zurückrufen, fällt es wahrscheinlich niemandem auf, dass Sie auch noch einen anderen Job haben. Viele Anrufbeantworter lassen sich von unterwegs abhören. Sie könnten ihn also in der Arbeitspause abhören und gleich vom Handy zurückrufen.
Eine Lösung ist, wenn Sie das Telefon am Arbeitsplatz auch für die Auftragsannahme nutzen können. Doch Vorsicht: Das geht nur, wenn Sie mit offenen Karten spielen und Ihr Chef es ausdrücklich erlaubt, die Arbeitsmittel auch für private Zwecke zu nutzen. Weiterhin müssen Ihre Kollegen Bescheid wissen, falls sie einmal Ihre Anrufe beantworten – schließlich macht es Ihren Geschäfts-

partnern gegenüber einen schlechten Eindruck, wenn jemand, der das Telefon abnimmt, keine Ahnung hat, dass Sie nebenbei Zubehör für Trockenrasierer vertreiben ...

Vorsicht

Hier können Probleme entstehen

Auch beim tolerantesten Chef – an dieser Stelle können leicht Probleme entstehen. Sie sollten ganz klar trennen und vorsichtig sein, damit die Stimmung an Ihrem Arbeitsplatz sich nicht gegen Ihre Nebenbeschäftigung wendet. Ist einmal der Verdacht entstanden, Sie würden ihre eigentliche Tätigkeit vernachlässigen, wird sich dieser immer wieder bestätigen. Unter einer Nebentätigkeit darf Ihre eigentliche Arbeit nicht leiden. Ist dies der Fall, kann Ihnen der Arbeitgeber die Nebentätigkeit untersagen. Ähnliches gilt, wenn Sie Ihre Handy-Nummer angeben und Kunden Sie während der Arbeitszeit auf dem privaten Handy anrufen. Auch hier muss Ihr Chef tolerieren, dass Sie private Gespräche am Arbeitsplatz führen.

Wenn es keine Möglichkeit gibt, während der eigentlichen Arbeit erreichbar zu sein, ist die Auftragsannahme per E-Mail eine Alternative. Vor allem, wenn Sie ohnehin eine Homepage haben. So können Sie flexibel mit einem Angebot per E-Mail reagieren. Dabei gelten für das Lesen privater E-Mails am Arbeitsplatz die gleichen Bestimmungen wie für private Telefongespräche. Holen Sie sich eine Erlaubnis!

Praxistipp

Wenn Sie sich für eine Auftragsannahme per E-Mail entscheiden, sollten Sie einen Tipp beherzigen: Viele Firmen übertreiben es mit so genannten E-Mail-Formularen. Die Kunden sollen darauf Feld für Feld ihre Adresse eingeben und vielleicht Fragen beantworten, die sich ihnen gar nicht stellen. Oft funktionieren solche Formulare nur, wenn bestimmte Programme installiert sind, oder die Angaben werden gelöscht, wenn man ein Feld nicht ausfüllt. Das löst Unmut aus und kann dazu führen, das ein potenzieller Kunde aufgibt. Machen Sie sich bewusst: Solche Formulare auszufüllen bedeutet immer Extra-Arbeit für den potenziellen Auftraggeber. Wenn Sie ein Formular haben:

Achten Sie darauf, dass er das Formular auch absenden kann, wenn er nicht alle Felder ausgefüllt hat. Es sollte immer auch die Möglichkeit bestehen, eine formlose Mail zu schicken. Denn oft ist es einfacher, eine Anfrage schnell per Mail herunterzutippen. Manchmal kann der Auftraggeber einen Text, der ihm schon vorliegt, einfach einfügen. Am Ende der Mail erscheinen seine Adresse und seine Telefonnummer automatisch – die brauchen schon einmal nicht neu eingetippt zu werden.

TIPP

Der Gesetzgeber schreibt für Homepages bestimmte Standards vor. Sie müssen beispielsweise ein Impressum haben und dort eine Adresse angeben – auch wenn es Ihre Privatadresse ist, weil Sie zu Hause arbeiten. Halten Sie diese Vorschriften nicht ein, drohen Ihnen Abmahnungen von Mitbewerbern, die Sie leicht Tausend Euro kosten können. Tipps erhalten Sie beispielsweise bei Verbraucherzentralen oder bei Kanzleien im Internet, z.B. **www.internetrecht-rostock.de** oder auch **www.deutsches-domainrecht.de**. Verkaufen Sie Waren im Internet, sollten Sie sich auf jeden Fall von einem Fachanwalt beraten lassen.

Nachteil: Sie haben keinen Laden/kein Büro

Wenn der Prophet nicht zum Berg kommen kann, muss der Berg eben zum Propheten ... Sie ahnen es schon: Für Dienstleistungen können Sie Abhol- oder Bring-Services einrichten. Für die Kunden ist es ein Extra-Bonus Ihrer Dienstleistung, für Sie der Ausgleich für ein fehlendes Ladenlokal. Sie sparen Miete und können Ihre Leistung günstiger anbieten. Vorsicht: Die Fahrtzeiten müssen Sie als Arbeitszeit mit einkalkulieren. Sonst beuten Sie sich selbst aus. (Lesen Sie dazu auch: Zuhause arbeiten – oder Büro mieten? Pro & Contra auf S. 107).

Von der Idee zum Konzept

Welche Idee für Ihre nebenberufliche Selbständigkeit auch immer in Ihrem Kopf herumspukt und Sie antreibt, dieses Buch zu lesen – nun muss sie auch noch in die Tat umgesetzt werden. Dabei lohnt es sich, schon in diesem Stadium Idee und Markt genau zu ergründen und Chancen und Risiken zu bewerten. Auch wenn alles vorerst hypothetisch ist – jeder Gedanke, der Ihr Geschäftsvorhaben in eine Struktur bringt, ist vernünftig angelegt. Anhand der nun folgenden Themengebiete und Fragen können Sie Ihre Träume,

aber auch die Ergebnisse Ihrer Recherchen in Form bringen. Diese Gedanken bilden die Grundlage für einen Geschäftsplan für die nächsten Jahre. Oft wird er auch als „Businessplan" bezeichnet. Wer sich bei der Bank oder über Fördermittelgeber Geld beschaffen möchte, braucht einen solchen Plan, um die Geldgeber davon zu überzeugen, dass die Idee gut ist und funktionieren kann.
Wenn Sie sich mit einem Businessplan bei Geldgebern vorstellen, müssen Sie bestimmte formale Kriterien erfüllen. Auf diese gehen wir hier nicht vollständig ein. Lesen Sie in diesem Fall unbedingt nach, wie ein perfekter Businessplan aussieht. Dieser ist die Visitenkarte Ihres Unternehmens in Gründung, er sollte also den besten Eindruck machen.
Aber auch bei einer Gründung ohne fremdes Kapital lohnt es sich, einen Geschäftsplan zu schreiben und immer wieder zu aktualisieren. Er dient Ihnen als Kontrollinstrument – aber auch zur Motivation.

TIPP

Ihr Geschäftsplan – das sollte er enthalten

A Die Beschreibung Ihrer Geschäftsidee
B Die Beschreibung des Marktes
C Übersicht über die Konkurrenz-Situation
D Ihre Marketing-Strategie
E Gedanken zur konkreten Durchführung der Geschäfte
F Die Gründer: Was können Sie, was müssen Sie lernen?
G Finanzplan

A Die Beschreibung Ihrer Geschäftsidee – Was will ich anbieten?

Beschreiben Sie auf weniger als einer Schreibmaschinenseite, worum es sich bei Ihrer Firma handeln wird. Wichtig ist, dass jemand, mit dem Sie bisher nicht über die Idee gesprochen haben, versteht, worum es geht. Damit ist Fachsprache tabu. Statt einfach „Informationsbroker" schreiben Sie als künftiger Recherche-Spezialist beispielsweise:

Gründungsidee: Informationsbroker

„Ich biete Firmen deutschlandweit an, Informationen für sie zu beschaffen und in übersichtlicher Weise zusammenzustellen. Meine Spezialgebiet sind Unternehmens- und Wirtschaftsthemen. Ich kann in den Sprachen Deutsch, Englisch und Französisch recherchieren. Die Zusammenstellungen können ebenfalls im jeweils gewünschtem Umfang in diesen Sprachen verfasst werden.

Auftraggeber nehmen meinen Service beispielsweise in Anspruch, wenn:

- sie herausfinden müssen, ob eine Firma tatsächlich existiert und ob Informationen über deren Bonität vorliegen,
- sie in kurzer Zeit Informationen über einen Unternehmer brauchen, mit dem sie geschäftlich zu tun haben,
- sie sich unauffällig über die Aktivitäten der Konkurrenten informieren möchten,
- sie sich auf einem neuen Markt niederlassen wollen und eine erste Vorsondierung der Geschäftsbedingungen brauchen usw.

Zur Arbeitsweise und den Besonderheiten meiner Idee: Die Informationen stelle ich zum einen aus Internet-Quellen, zum anderen aus Veröffentlichungen und Büchern zusammen beziehungsweise beschaffe sie über telefonische Recherche. Ich habe Zugang zu den wichtigsten kostenpflichtigen Online-Diensten, die ich schnell und versiert nutzen kann, und bin geübt im Umgang mit wissenschaftlicher und anderer Literatur. Ich verfüge über umgangreiche Kontakte zu Unternehmern und Bankern in Deutschland sowie im übrigen Europa. Das heißt, ich kann Informationen aus erster Hand beziehen. Als promovierter Betriebswirt bin ich geübt darin, umfangreiche Zusammenhänge strukturiert und übersichtlich darzustellen. Der Auftraggeber bestimmt, ob ich entweder spezielle Informationen in kürzester Zeit ermittle oder mich mit einer gründlichen Recherche um Hintergründe kümmere.

Ich werde als Einzelunternehmer aus einem Heim-Büro neben meiner halben Stelle als wissenschaftlicher Mitarbeiter bei einem Wirtschaftsforschungsinstitut tätig. Mein Arbeitgeber billigt diese Tätigkeit. Für das Unternehmen bleiben mir zwischen 20 und 25 Arbeitsstunden pro Woche. Die wirtschaftlichen Chancen, die Konkurrenzsituation und die Marktlage meines Unternehmens habe ich bereits recherchiert. Ein Überblick dazu befindet sich im Abschnitten B und C.

Haben Sie ein Bild über dieses Unternehmen vor Augen? Dann hat unser Beispiel-Gründer sein Ziel erreicht.

TIPP

Beantworten Sie folgende Fragen:

- Was biete ich an?
- Wer sind meine Kunden?
- Wie sind sie verbreitet (lokal, regional, landesweit, weltweit)?
- Was ist das Besondere an meinem Service?
- Welche Rechtsform hat das Unternehmen?
- Wann, wie viel und wie werde ich tätig?

Haben Sie sich schon Gedanken über die Konkurrenz, den Markt und Ihre Chancen und Risiken gemacht? (Wie das geht, wird in den Abschnitten B, C und D klar – in den Teil A gehört jedoch ein Hinweis auf den momentanen Stand dieser Recherchen). Haben Sie ein Büro gemietet? Haben Sie jemanden eingestellt? Wenn Sie ein Produkt verkaufen: Woher beziehen Sie dieses Produkt? Wenn Sie etwas herstellen: Woher beziehen Sie die Vorprodukte? Haben Sie die Details zur Herstellung bereits vollständig ausgearbeitet oder müssen Sie dazu noch Zeit investieren (wie viel)? In welchen Mengen wollen Sie produzieren?

B Die Beschreibung des Marktes

In diesem Teil des Geschäftsplans sollten Sie den Markt so genau wie möglich analysieren und beschreiben, auf den Ihr Service oder Ihr Produkt trifft. Wer sind Ihre Kunden, mit wie vielen Kunden können Sie realistischerweise rechnen? Wie wird sich diese Zahl entwickeln? Viele dieser Informationen sind mit etwas Recherche zu beschaffen.

Wie groß ist der Markt? Wie viele Kunden können Sie erreichen?

Zunächst sollten Sie Ihren Kundenkreis genau eingrenzen und beschreiben.

Wer ist Ihre Zielgruppe

- „Privatpersonen“: In welchem Alter? Mit welcher Ausbildung? Mit Familie? Mit bestimmten Eigenschaften, Hobbys, Merkmalen? Über wie viel Geld verfügen Ihre Kunden? Wird der Preis für Ihr Produkt oder Ihre Dienstleistung ein teuerer Luxus oder eine kleine alltägliche Ausgabe sein?
- „Firmen“: Wie groß? Welche Branchen?

Wie viele Menschen/Firmen gehören zu Ihrer Zielgruppe? Dafür ist entscheidend, wo Sie anbieten wollen: In Ihrer Stadt? In Ihrem Bundesland? Deutschlandweit? Im Ausland? Danach richtet sich, wie Sie Informationen beschaffen können.

TIPP

Für lokale Informationen kommen Wirtschaftsämter in Frage. Oft reichen das Telefonbuch oder die Gelben Seiten, um Firmen zu zählen, die für Ihre Dienstleistung in Frage kommen. Statistiken über Privathaushalte gibt es in jeder Kommune (z.B. über Hochzeiten, Geburten, Einkommensgruppen, Ausländeranteil oder auch die Vornamen der Neugeborenen). Fragen Sie beim Archiv oder beobachten Sie entsprechende Veröffentlichungen in der

Lokalzeitung. Jedes Bundesland hat Statistische Landesämter, deren Statistiken im Internet zu finden sind. Für bundesweite Informationen ist das Statistische Bundesamt eine wichtige Quelle. Auch dessen Homepage bietet Tausende Statistiken an. **(www.destatis.de)**

Wie entwickelt sich die Zahl Ihrer potenziellen Kunden – gibt es immer mehr Menschen, die auf einen Trend aufspringen?
Gibt es bei den Firmenkunden einen Trend zum Outsourcing? Wurden Abteilungen verkleinert, deren Aufgaben Sie übernehmen möchten? Auskünfte dazu erhalten Sie ebenfalls durch das Lesen von Statistiken, aber auch aus der Lektüre von Wirtschaftsmagazinen und Fachblättern. Auch deren Artikel sind oft im Internet verfügbar. Versuchen Sie beispielsweise einmal, Stichwörter Ihrer Geschäftsidee in den Online-Archiven von Zeitungen und Zeitschriften zu finden (z.B. **www.spiegelonline.de**, **www.ftd.de** oder **www.berliner-zeitung.de**) Mit Sicherheit finden Sie jüngere Artikel zu allen Branchen.

Ein Beispiel: Sie wollen neben Ihrem Job Babysitter vermitteln. Ihre Zielgruppe ist schnell umrissen: Eltern von Kindern zwischen 0 und 14 Jahren kommen in Frage. Wie viele Kinder in diesem Alter gibt es in Ihrer Stadt oder im Landkreis? Das statistische Landesamt Ihres Bundeslandes hat Zahlen für die Landkreise. Stellen Sie nun noch fest, wie viele Kinder eine Familie in Ihrem Bundesland im Durchschnitt hat – und schon haben Sie die Anzahl der potenziellen Familien. Auch Ihr örtliches Standesamt hat eine Geburten-Statistik. Die Schülerzahlen und die Zahlen der Kindergärten sind ebenfalls ein Indiz. Finden Sie heraus: Wie haben sich die Geburten entwickelt? Wird die Zahl der Kinder eher abnehmen oder zunehmen?

Nach einer solchen Recherche ist schon einmal eine Überschlags-Rechnung ratsam. Auch wenn es sehr unwahrscheinlich ist: Wenn alle potenziellen Kunden, die Sie auf diesem Weg ermittelt haben, ihren Service in Anspruch nehmen – haben Sie genügend Kunden, um Ihr Unternehmen mit Erfolg zu betreiben, oder ist Ihre Zielgruppe zu eng gesteckt?

C Übersicht über die Konkurrenz-Situation

Finden Sie für diesen Teil heraus, wer Ihre wichtigsten Konkurrenten sind und wie diese Ihr Unternehmen führen. Nur so können Sie sich in den bestehenden Markt einordnen.

- Bei herkömmlichen Geschäften in einem kleineren Verbreitungsgebiet helfen die Gelben Seiten oft schon weiter, um Konkurrenten zu finden. Bei neuen Geschäftsideen wird es schon komplizierter. Die richtige Strategie: „Suchen Sie sich selbst“. Stellen Sie sich vor, Sie sind Ihr zukünftiger Kunde und suchen dringend einen Anbieter für Ihre geplante Leistung – wie finden Sie ihn? Wenn Sie Schneider-Kurse anbieten wollen, wo würden Sie in Ihrer Region fragen oder suchen, um Anbieter zu finden? Volkshochschulen, Textilunternehmen, Boutiquen und Schneidereien sind ein Anfang – rufen Sie einfach als „Kunde“ an und fragen Sie nach Schneiderkursen. Im Internet können Sie ebenfalls suchen. Lokale Verzeichnisse von Unternehmen sind im Internet und bei den Wirtschaftsämtern oder in Anzeigenblättern zu finden.
- Haben Sie Ihre Konkurrenten ermittelt, geht es darum, deren Geschäfte zu analysieren. Ideal ist es, wenn Sie sich über die Preise informieren können, die andere verlangen. Manche Unternehmer veröffentlichen Preislisten auf der Homepage oder auf Flyern. Bitten Sie einen Freund, sich bei Ihrem Konkurrenten über die Preise zu erkundigen. Wie lange ist er schon im Geschäft (alteingesessen oder ebenfalls Gründer)? Wie wirbt Ihr Konkurrent? Welche Zusatzleistungen bietet er? Überschneiden sich die Marktgebiete oder konzentriert er sich auf eine bestimmte Region? Hat er Schwächen oder Nachteile, die Sie ausgleichen können? Schließlich – auch das sollten Sie bedenken – kann es Sinn haben, den Konkurrenten nicht als solchen zu betrachten, sondern vielleicht als Kooperationspartner ins Boot zu holen. Gerade dann, wenn sich Ihre Marktgebiete nicht 1:1 überschneiden oder Sie einen etwas anderen Service anbieten wollen als er. Statt sich unter jungen Unternehmen oder Gründern Konkurrenz zu machen, kann eine Kooperation beide weiter bringen.

D Ihre Marketing-Strategie

Beschreiben Sie, wie Sie Ihre Kunden erreichen wollen. Gehen Sie dabei vom Allgemeinen zum Konkreten vor:

Beispiele:

• „Anzeigen aufgeben“ – In welchem Blatt? Wie groß? Wie oft? Mit welchem Inhalt? Wer gestaltet die Anzeige? Was kostet sie? Welche Kunden wollen Sie damit erreichen?

• „Flyer verteilen“: Wer soll erreicht werden? Was soll auf den Flyern stehen? Sollen sie nur Aufmerksamkeit erregen oder auch Detail-Informationen bieten? Sollen die Kunden sich die Informationen leicht merken können oder sollen sie dazu angeregt werden, sie an die Pinnwand zu heften und später darauf zurückzukommen? Zu welchem Anlass können sie verteilt werden (Stadtfest, Kindergartenfeier, Stadtratssitzung, Firmenjubiläum)? Wer verteilt sie? Wie viele kann man dort loswerden? Ist das richtige Publikum vor Ort? Sollen sie in Briefkästen gesteckt werden? Oder an Autos geklemmt? In welchen Stadtteilen? Warum dort?

• Werbung „von Mund zu Mund“: Wie kommen Sie an die ersten Kunden, um den Strom in Bewegung zu setzen? Wollen Sie Anreize bieten, Sie weiterzuempfehlen (zum Beispiel, indem Sie ein Kunden-werben-Kunden-Programm einführen)? Wollen Sie den Kunden Flyer oder Visitenkarten überlassen, damit sie diese weitergeben können?

E Gedanken zur konkreten Durchführung der Geschäfte

In diesem Teil sollten Sie sich detailliert Gedanken machen, wie Ihr Geschäft abläuft. Versetzen Sie sich dabei am besten in eine Phantasie-Welt – ähnlich, wie wir es im ersten Kapitel getan haben: Stellen Sie sich vor, Sie betreten Ihr Büro/Heimbüro oder Ihre Werkstatt. Was ist darin vorhanden und wo ist es hergekommen? Welche konkreten Arbeitsschritte machen Sie innerhalb Ihrer Aufgabe (und zwar haarklein)?

Ein Beispiel

(nur um Ihnen zu zeigen, wie detailgenau Sie vorgehen sollten):

Gründungsidee: Fliegende Kantine

Sie haben bemerkt, dass die Mitarbeiter in einem Gewerbegebiet am Stadtrand mittags keine Möglichkeit haben, sich etwas zu Essen zu besorgen, weil die nächsten Geschäfte zu weit entfernt sind. Sie wollen die Mitarbeiter als fliegende Kantine mit frischen belegten Brötchen und Säften beliefern.

Für Ihren Geschäftsplan zerlegen Sie alle Aufgaben, die dazu notwendig sind, in ihre Einzelschritte: Woher bekommen Sie Brötchen, Säfte und Aufstriche? Wann kaufen Sie diese, damit sie frisch sind? Wie lagern Sie die Lebensmittel? Welche Genehmigungen brauchen Sie? Wie lange dauert es, ein Brötchen zu belegen, und wie viele Brötchen schaffen Sie pro Tag? Wie kommen Sie mit Ihrem Angebot in das Gewerbegebiet? Mit dem Auto? Wie lange dauert die Fahrt? Haben Sie immer ein Auto zur Verfügung? Was passiert, wenn das Auto kaputt ist? Was ist bei Hitze im Hochsommer – wie bleiben die Waren frisch? Wann müssen Sie ankommen, um die ersten Mitarbeiter pünktlich beim ersten Hunger zu bedienen? Werden Sie nach einem bestimmten Plan vorgehen und die Büros einzeln besuchen? Oder werden Sie in der Firmenlobby zu einer bestimmten Zeit auf Kunden warten? Wie kommen Sie mit Ihrem Angebot zu den Büros? Haben Sie einen Korb? Einen Wagen? Passt der in das Auto? In den Fahrstuhl? Müssen Sie Treppen hoch? Und so weiter...

Keine Angst vor den vielen Details: Das macht Spaß und Sie erfahren so, ob Sie bei Ihrer Idee einen Denkfehler gemacht haben. Stellen Sie sich vor, die Gründerin mit der Idee zur fliegenden Kantine hat sich diese Gedanken nicht gemacht und mit einem befreundeten Tischler einen tollen Bauchladen gebaut, der zwar leicht zu tragen ist und witzig aussieht – aber „voll beladen" nicht durch die schmale Fahrstuhltür im Gewerbezentrum passt.

F Die Gründer: Was können Sie, was müssen Sie lernen?

In diesem Teil gehen Sie in sich und beschreiben sich selbst: Was sind Ihre Qualifikationen? Was befähigt Sie, diesen Service anzubieten, und was hebt Sie von anderen ab. Seien Sie realistisch – Sie müssen es ja niemandem zeigen. Machen Sie sich eine Liste mit den Dingen, die Sie lernen müssen oder wollen, und planen Sie, dieses Ziel in Angriff zu nehmen. Notieren Sie sich auch, auf welchen Gebieten Sie sich unsicher fühlen oder Sie befürchten, dass Ihr Wissen lückenhaft ist.
Wenn Sie Ihren Geschäftsplan später wieder in die Hand nehmen, können Sie sich selbst kontrollieren. Vielleicht stellen Sie fest, dass Sie sich viel zu viele Sorgen gemacht haben. Gründen Sie mit Partnern, gehören alle Profile in dieses Kapitel.

G Finanzplan

In diesem Teil verschaffen Sie sich einen Überblick über die Finanzlage und die Aussichten für die nächsten Jahre.

Notieren Sie jeweils detailliert:
Investitionsplan: Was wollen/müssen Sie investieren? Wann brauchen Sie die Dinge? Was sind die voraussichtlichen Kosten?
Kapitalbedarfsplan: Wie viel Geld brauchen Sie in den nächten 5 Jahren, um die Investitionen zu finanzieren und die laufenden Kosten zu decken? Wie viel müssen Sie verdienen, um für Ihre Familie zu sorgen oder anderen Verpflichtungen nachzukommen (private Kredite, Unterhaltszahlungen)?
Umsatzplan: Mit welchen Umsätzen rechnen Sie in den nächsten Jahren? Wie wird sich der Umsatz entwickeln? Genaue Angaben mit Anzahl der Kunden und Aufträge sind hier erforderlich. Sie sollten sich an den Erkenntnissen aus den vorherigen Abschnitten (zum Markt und zur Konkurrenz) orientieren.

Passen Umsatzentwicklung und Kostenentwicklung zusammen? Wann werden sich Ihre Investitionen rentiert haben? Auf die konkrete Berechnung gehen wir im kommenden Kapitel (ab S. 110) ein. Dort finden Sie Hinweise dazu, wie Sie Ihr Honorar bzw. Ihren Preis berechnen. Dies bestimmt natürlich darüber, wie hoch Ihr Umsatz ist.

Wie man einfach loslegt und trotzdem sauber arbeitet ... Rechtsformen & Anmeldungen für Gründer im Nebenberuf

Junge Chefs und Chefinnen, gerade bei einer Gründung nebenbei, sollten simpel starten: in der Regel als Einzelunternehmer oder in Form einer sogenannten BGB-Gesellschaft. Bei einer BGB-Gesellschaft gründen mindestens zwei Personen, die mit einem formfreien Vertrag die gemeinschaftliche Geschäftsführung und Vertretung regeln.
In beiden Fällen gilt: Man kann sofort loslegen. Ohne lästige Pflichten wie das Aufbringen von Stammkapital, Handelsregistereintrag oder Notarbesuche. Einen gemeinsamen Nachteil haben beide: Wer diese Rechtsformen wählt, haftet auch mit seinem Privatvermögen uneingeschränkt. Etwa, wenn ein Kunde wegen ausbleibender Lieferung Schadensersatz fordert, oder gegenüber Banken. Auch bei der Namensgebung gibt es bei den beiden Formen Einschränkungen. Mehr dazu auf S. 107.
Grundsätzlich können nebenberufliche Gründer jedoch jede Rechtsform für ihr Unternehmen wählen, die auch hauptberufliche

Gründer anstreben. Weder eine GmbH noch eine Aktiengesellschaft verlangt, dass der Gründer eine bestimmte Stundenzahl arbeitet oder keine weiteren Einkünfte hat. Eine genaue Einführung in die einzelnen Formen kann hier nicht vorgenommen werden. Dazu finden Sie am Ende dieses Kapitels Hinweise zum Weiterlesen.
Sie als ungeduldiger Leser wollen am liebsten sofort starten. Also bleiben wir bei den beiden typischsten Formen. In diesem Fall sind für die Gründung nur 4 Schritte nötig:

Schritt I: Gewerbeschein beantragen

Auch nebenberuflich Selbständige müssen in jedem Fall ihr Gewerbe anmelden (Ausnahme: Sie gelten als Freiberufler. Dazu mehr auf S. 104). Die Anmeldung erfolgt beim Ordnungs- oder Gewerbeamt der Kommune, in der der Betrieb entstehen soll. Jeder Mensch kann dort ein Gewerbe anmelden. Für bestimmte Gewerbe müssen Sie jedoch Nachweise mitbringen: zum Beispiel einen Meisterbrief, eine Konzession (im Gastgewerbe) oder einen Gesundheitspass (bei Geschäften, die mit Lebensmitteln zu tun haben). Für die übrigen Berufe reicht es, einen Schein auszufüllen. Wollen Sie beispielsweise als Unternehmensberaterin arbeiten, ist diese Anmeldung schnell erledigt. Die Anmeldegebühr beträgt zwischen 10 und 40 Euro.
Um das Gewerbe anmelden zu können, brauchen Sie zunächst nur ein paar grundlegende Vorstellungen über den Betrieb. Es müssen alle „vertretungsberechtigten Personen“ eingetragen werden, also Ihre Partner, wenn Sie nicht allein gründen. Außerdem Adresse und Art des Betriebes. Wenn der Betrieb eine Erlaubnis braucht, müssen Sie diese schon vor der Gewerbeanmeldung vorweisen. Für handwerkliche Betriebe muss eine Handwerkskarte vorliegen (diese wird beim Eintrag in die Handwerksrolle bei der zuständigen Handwerkskammer ausgestellt). Ebenso müssen Ausländer nachweisen, dass ihre Aufenthaltsgenehmigung keine Beschränkung zur Eröffnung eines Unternehmens enthält.

Aber keine Angst – nur in etwa einem Drittel der Fälle sind solche Genehmigungen beziehungsweise Zulassungen notwendig. Über den Umfang der erforderlichen Erlaubnisse können Sie sich bei der örtlichen IHK oder Handwerkskammer erkundigen. Allgemein lassen sich drei Nachweisgruppen unterscheiden:

Fachliche Anforderungen:
Für manche Geschäftsfelder sind bestimme Ausbildungs- oder Studiennachweise notwendig. Beispielsweise dürfen nur Juristen Rechtsberatung anbieten oder nur ausgebildete Apotheker Medikamente verkaufen.

Persönliche Anforderungen:
Hierbei steht die Zuverlässigkeit im Mittelpunkt, die etwa durch ein polizeiliches Führungszeugnis belegt werden muss. Dies ist der Fall, wenn Sie eine Detektei eröffnen wollen oder ein Reisebüro.

Sachliche Anforderungen:
Manchmal werden Nachweise verlangt, dass Sie der Sache nach eine unternehmerische Tätigkeit aufnehmen können. Dazu können der Nachweis der Schuldenfreiheit oder der Nachweis geeigneter Geschäftsräume gehören.

Die Anmeldung des Gewerbes selbst ist relativ schnell erledigt, sie löst jedoch Folgevorgänge aus, die Sie beachten müssen. Je nach angemeldeter Tätigkeit werden durch das Gewerbeamt eine Vielzahl anderer Einrichtungen und Behörden informiert, die wiederum auf Sie zukommen und weitere Auskünfte erhalten wollen. Es ist also nicht mit einem Formular allein getan. Gerade in dieser Phase sollten Sie die nötige Zeit und Gründlichkeit reservieren, damit ein reibungsloser Start gelingen kann.

Zunächst wird vom Gewerbeamt eine Mitteilung an das zuständige Finanzamt gemacht, so dass Ihre Tätigkeit dort bekannt wird. (Ist dagegen die beabsichtigte Tätigkeit den Freien Berufen zuzuordnen, müssen Sie selbst auf das Finanzamt zugehen. Siehe S. 104.) Zu den informierten Einrichtungen gehören weiterhin ggf.:

- Zuständige Kammern bei Pflichtmitgliedschaft: Handwerkskammer für handwerkliche bzw. Industrie- und Handelskammer für gewerbliche Tätigkeiten
- Berufsgenossenschaft: zuständig für die gesetzliche Unfallversicherung
- Gewerbeaufsichtsamt und Gesundheitsamt: zuständig für Arbeits- und Gesundheitsschutz
- Bundesagentur für Arbeit: bei Beschäftigung von Arbeitnehmern

- Amtgericht: zuständig für Eintragung in das Handelsregister (Dies ist bei Kleinunternehmen nicht notwendig und wird deshalb in unserem Buch vernachlässigt.)

Obwohl das Gewerbeamt von sich aus tätig wird, ist es sinnvoll nachzufragen, ob entsprechende Mitteilungen bei den betroffenen Einrichtungen eingegangen sind.

Schritt 2: Der Weg zum Finanzamt

Vom Finanzamt brauchen Sie eine Steuernummer. Um diese zu bekommen, müssen den so genannten „Betriebseröffnungsbogen" ausfüllen. Der Bogen wird Ihnen in der Regel zugesandt, nachdem Sie das Gewerbe angemeldet haben. Freiberufler müssen selbst beim Finanzamt um diesen Bogen bitten. Es ist nicht schwer, ihn auszufüllen. Viele Angaben aus der Gewerbeanmeldung wiederholen sich. Auf dem Betriebserfassungsbogen müssen Sie aber bereits geschätzten Umsatz und Gewinn pro Jahr angeben. Es ist bei einer Existenzgründung normal und sinnvoll wenn Sie zunächst nur sehr geringe Umsätze und keine Gewinne erwarten. Sie müssen außerdem schon hier angeben, ob Sie als „Kleinunternehmer" arbeiten wollen. Informieren Sie sich vorher unbedingt über die Vor- und Nachteile (siehe s. 102).

Schritt 3: Kammern und Berufsgenossenschaften

Für manche Berufsgruppen besteht die Pflicht, einer Berufsgenossenschaft beizutreten. Wer einen Handwerksbetrieb führt, muss Beiträge an die Handwerkskammer zahlen. Alle anderen Betriebsarten (außer Freiberufler) werden den Industrie- und Handelskammern zugeordnet und müssen dort einen Beitrag zahlen. Welchen Gruppen Sie angehören, erfahren Sie bei der Gewerbeanmeldung. Für die ersten Jahre nach der Gründung gelten teilweise Befreiungen von den Beiträgen.

Schritt 4: Personal einstellen, ggf. in das Handelsregister eintragen

Wenn Sie Personal beschäftigen wollen, brauchen Sie eine Betriebsnummer. Diese gibt es bei der Arbeitsagentur. Ein Handelsregistereintrag wird in manchen Fällen notwendig. Sie werden nach der Gewerbeanmeldung informiert. Für Kleinunternehmer und nebenberufliche Gründer ist dieser Fall selten.

Die Kleinunternehmer-Regelung: Ein Vorteil für Sie?

Normalerweise stellen Gewerbetreibende Rechnungen an ihre Kunden aus, auf denen Umsatzsteuer ausgewiesen wird. Der Kunde zahlt das Honorar oder den Preis für die Leistung plus Umsatzsteuer an den Unternehmer. Dieser führt die Umsatzsteuer direkt in voller Höhe an das Finanzamt ab. Ein reiner Durchlaufposten also – kein zusätzliches Einkommen. Dafür können Gewerbetreibende sich ihrerseits die gezahlten „Vorsteuern“ vom Finanzamt erstatten lassen. Wenn Sie zum Beispiel für die Firma einen Satz Bleistifte kaufen, ist die Vorsteuer gleich der Mehrwertsteuer, die sie bezahlen. Wenn Sie einen Auftrag an einen anderen Unternehmer vergeben, ist es die Vorsteuer gleich der Umsatzsteuer, die er Ihnen in Rechnung stellt.
Gegen eine Auflistung von Quittungen und Rechnungen bekommen sie vom Finanzamt die gezahlten Steuern zurück. Das macht Arbeit, da sie die Belege entsprechend aufarbeiten und einreichen müssen, verringert aber Ihre Betriebskosten und bringt in schöner Regelmäßigkeit Zahlungen vom Finanzamt (erhöht aber den zu versteuernden Gewinn). Natürlich nur dann, wenn Ihre Vorsteuer über den eingenommenen Umsatzsteuern liegt.
In manchen Berufsgruppen gibt es Pauschalen beim Abzug der Vorsteuer. Dies betrifft künstlerische Berufe und bestimmte Tätigkeiten im Handwerk und in der Landwirtschaft. Angehörige dieser Gruppen können sich einen bestimmten Prozentanteil jeder Umsatzsteuereinnahme als Vorsteuer erstatten lassen beziehungsweise müssen nur einen Teil der erhaltenen Umsatzsteuer an das Finanzamt weitergeben, ohne dafür Quittungen nachzuweisen. Es wird also davon ausgegangen, dass immer ein bestimmter Kostenanteil für jeden Einnahmeposten aufgewendet werden musste. Dafür gibt es Einkommens-Höchstgrenzen. Erkundigen Sie sich bei Ihren Berufsverbänden, ob solche Pauschalen existieren. Bei bestimmten Ausgaben, wie Auslandsreisen, müssen Sie ebenfalls nicht Rechnung für Rechnung nachweisen, wie viele Vorsteuern Sie zurückbekommen, sondern sie werden pauschalisiert zurückgezahlt. Hier weiß der Steuerberater Bescheid.

Unternehmer mit kleinen Betrieben haben die Möglichkeit, sich von der Umsatzsteuerpflicht befreien zu lassen.
Voraussetzungen:

- Ihre jährlichen Umsätze (Summe aller Einnahmen – vor Abzug der Kosten) liegen unter 17.500 Euro
- Haben die Umsätze darunter gelegen und steigen sie im Folgejahr voraussichtlich nicht über 50.000 Euro, können Sie den Status „Kleinunternehmer" behalten.

TIPP

Ist beides der Fall, können Sie auf dem Betriebserfassungsbogen vom Finanzamt (siehe Schritt 2 auf S. 101) ankreuzen, dass sie unter die Kleinunternehmer-Regelung fallen möchten.
Je nach Art Ihres Betriebes hat das Vor- und Nachteile. Sie können Ihren Kunden Ihre Leistungen in Rechnung stellen, ohne Umsatzsteuer zu erheben. Dafür müssen Sie alle Betriebsausgaben inklusive der so genannten Vorsteuern bezahlen und als Betriebskosten abrechnen – sie können sich also nicht die Vorsteuern erstatten lassen.
Sie haben dadurch einen geringeren Verwaltungsaufwand – die Kassenzettel und Rechnungen werden inklusive Steuern als Betriebsausgaben gezählt und müssen nicht gesondert beim Finanzamt eingereicht werden. Sind Ihre Kunden ihrerseits Kleinunternehmer oder Privatleute, wird Ihre Leistung für sie billiger. Denn würden Sie Umsatzsteuer erheben, müssten Ihre Kunden die Umsatzsteuer auf jeden Fall bezahlen, könnten sie sich aber nicht vom Finanzamt zurückholen.
Für wen sich die Regel lohnt, ist pauschal nicht zu beantworten. Nach einem Jahr können Sie es ausrechnen und beide Alternativen vergleichen und dann Ihre Wahl überdenken.

Sie sollten die Kleinunternehmer-Regel wählen, wenn:

- Sie geringe Betriebskosten haben/erwarten und damit auch nur geringe Vorsteuern erstattet bekommen.
- Sie eine Dienstleistung mit großem Eigenanteil erbringen (also fast ohne Vorprodukte oder unter geringen Kosten).
- Sie den Verwaltungsaufwand scheuen.
- Ihre Kunden oft Privatleute oder andere Kleinunternehmer sind.

Sie sollten auf die Möglichkeit verzichten, wenn:

- Sie hohe Ausgaben haben und damit stark davon profitieren, dass Sie regelmäßig Vorsteuern erstattet bekommen.

- Wenn Sie einer Berufsgruppe angehören, bei der es Pauschalen für den Vorsteuer-Abzug gibt (z.B. künstlerische Berufe), Sie aber weniger als diese Pauschalbeträge pro eingenommenen Euro ausgeben.

TIPP

Zwei Dinge, die Sie bei der Kleinunternehmer-Regel beachten müssen:

- Es gibt kein Zurück – haben Sie sich einmal gegen die Kleinunternehmer-Regelung entschieden und erheben Umsatzsteuer, können Sie nicht mehr in diese zurück, auch wenn Ihr Umsatz unter der entsprechenden Grenze liegt.
- Sollten Sie auf einer Rechnung fälschlicherweise als Kleinunternehmer Umsatzsteuern ausgewiesen haben, müssen Sie diese auf jeden Fall vollständig an das Finanzamt abführen, ohne in den Genuss des Vorsteuerabzugs zu kommen. Weisen Sie deshalb keinesfalls auf Ihren Rechnungen Umsatz-steuern aus. Hilfreich um verwunderte Kunden darüber zu informieren (aber nicht notwendig) ist ein Passus in der Rechnung, der auf Ihre Umsatzsteuerbefreiung hinweist – etwa „Der Leistungserbringer ist Kleinunternehmer nach §19 UStG und damit umsatzsteuerbefreit".

Ausnahme: Freiberufler

Wer freie künstlerische, wissenschaftliche, schriftstellerische, unterrichtende oder erzieherische Tätigkeiten ausüben will, kann sich als Freiberufler anmelden. Typische freie Berufe sind: Arzt, Heilpraktiker und Krankengymnast, Journalist, Übersetzer, Rechtsanwalt, Steuerberater oder beratender Volks- und Betriebswirt. Das hat viele Vorteile: Für Freiberufler entfällt die Mitgliedschaft in IHK oder Handwerkskammern, statt einer komplizierten Buchführung reicht es aus, von allen Einnahmen die Betriebsausgaben abzuziehen („Einnahme-Überschussrechnung") und auf diese Weise den Gewinn zu ermitteln. Die Anmeldung als Gewerbe fällt weg und damit werden auch keine Gewerbesteuern fällig. Der einzige Gründungschritt für Freiberufler besteht darin, innerhalb von einem Monat beim Finanzamt eine Steuernummer (Schritt 2) zu beantragen.
Es ist möglich, nebenberuflich oder auf andere Weise nebenbei als Freiberufler tätig zu sein.
Nicht jeder kann sich als Freiberufler anmelden. Die Abgrenzung zwischen Gewerbetreibenden und Freiberuflern ist schwierig.

Viele Berufe haben sowohl Merkmale der freiberuflichen Tätigkeit als auch des Gewerbes. In diesen Fällen muss eindeutig aus ihren Tätigkeiten hervorgehen, dass eine geistige und schöpferische Arbeit bei Ihrer Tätigkeit im Vordergrund steht, um als Freiberufler anerkannt zu werden. Produzieren oder reproduzieren Sie Dinge in größerer Stückzahl, sind sie kein Freiberufler
Wichtig ist auch, den Begriff des „freien Berufes" von dem des „freien Mitarbeiters" zu trennen. Ein „freier Mitarbeiter" ist ein Selbständiger, der mit einem anderen Unternehmen einen Dienstleistungsvertrag abschlossen hat, ohne Arbeitnehmer zu sein. Je nach Tätigkeit kann der „freie Mitarbeiter" Gewerbetreibender oder Freiberufler sein.

Was Sie jetzt noch beachten müssen

Auch wenn Sie für Ihre Idee keine auf Ihre Person bezogene Genehmigung brauchen, bedeutet dies leider nicht immer, dass Sie alle Sorgen los sind. Viele Gründer im Nebenerwerb arbeiten zunächst von ihrer Privatwohnung aus. An dieser Stelle sind Mieter einer Wohnung stärker eingeschränkt als Eigentümer. Doch in jedem Fall müssen Sie Folgendes bei der Aufnahme der Tätigkeit beachten:

Mietrecht

Als Mieter einer Wohnung müssen Sie bedenken, dass diese Ihnen für Wohnzwecke überlassen worden ist. Probleme können entstehen, wenn die gesamte Wohnung oder große Bereiche davon für gewerbliche Zwecke genutzt werden (das bedeutet nicht, dass Sie umbauen müssen – auf die Nutzung kommt es an). In diesem Fall ist meist das Einverständnis des Vermieters erforderlich. Dieser muss auch zustimmen, wenn nach außen eine berufliche Nutzung der Wohnung erkennbar ist (wenn Sie beispielsweise ein Schild mit Ihrem Firmennamen anbringen wollen). Achtung: Als Einzelunternehmer dürfen Sie nur bestimmte Formen von Firmennamen führen, dazu mehr auf S. 107.

Kurz: Immer dann, wenn eine vertragswidrige Nutzung vorliegt, ist ein Einverständnis des Vermieters erforderlich. Dies kann auch mit einer Mieterhöhung verbunden sein. Beispielsweise begründet durch erhöhte Abnutzung der Wohnung aufgrund von Kundenverkehr. Ob im jeweiligen Einzelfall tatsächlich das Einverständnis eingeholt werden muss, hängt von den örtlichen Gegebenheiten ab. Daher ist es sinnvoll, sich vorab beim örtlichen

Mieterbund oder ähnlichen Beratungsstellen zu erkundigen. Grundsätzlich muss der Vermieter jedoch eine Nutzungsveränderung der Wohnung dulden, wenn damit keine besonderen Beeinträchtigungen verbunden sind. Beispielsweise dürfen andere Mieter im Hause durch Ihre berufliche Tätigkeit nicht zusätzlich belästigt werden. Wenn Sie jedoch nur einen kleinen Bereich Ihrer Wohnung nutzen, keinen Kundenverkehr haben, weil Sie überwiegend vor Ort bei Ihren Kunden sind, ist die Angelegenheit wenig problematisch. Allerdings ist in allen Fällen eine Beratung im Vorfeld sinnvoll. Auch empfiehlt es sich, gegenüber dem Vermieter ein offenes Verhältnis zu pflegen und entsprechende Vereinbarungen immer schriftlich festzuhalten. Vorsicht ist geboten, wenn die Wohnung teilweise in Gewerberäume umgewidmet wird: Für Gewerberäume gilt ein anderer Kündigungsschutz als bei Wohnräumen.

Flächennutzungs- und Bebauungsplan

Auch wer ein eigenes Haus hat, kann nicht ohne weiteres einen Teil des Hauses für sein Gewerbe nutzen. Hier kommt der örtliche Flächennutzungs- und Bebauungsplan zum Tragen. In diesem ist unter anderem geregelt, ob Ihr Haus (oder der Standort Ihres Unternehmens) in einem reinen Wohngebiet liegt, in einem Mischgebiet oder in einem gewerblich genutzten Gebiet. Nach diesen Plänen richten sich die Ämter bei der Erteilung von Bau- und Nutzungsgenehmigungen. Wenn Sie Ihr Wohnhaus umbauen wollen, um einen Extra-Eingang für Kunden zu schaffen oder ein Büro über der Garage einzurichten, müssen Sie eine entsprechende Bau- oder Nutzungsgenehmigung beantragen. Je nach Geschäftsidee können Konflikte entstehen, wenn es zu Publikumsverkehr mit an- und abfahrenden Fahrzeugen kommt und Sie Stellplätze zur Verfügung stellen müssen. In manchen Gemeinden werden für gewerblich genutzte Flächen (auch ohne Umbauten) andere Gebühren für Abwässer oder Müll verlangt.

Für die meisten nebenberuflichen Gründer kommen große Umbauten freilich zunächst nicht in Frage – und damit fallen viele Auflagen und Genehmigungen weg. Dennoch sollten Sie sich im Vorfeld bei der Bauverwaltung der Gemeinde beraten lassen. Sonst kann es bei der nächsten Gebührenabrechnung zu unangenehmen Überraschungen kommen.

Firmenname – Sie können Ihrer Phantasie nicht immer freien Lauf lassen

Wenn Sie ein Einzelunternehmen oder eine Gesellschaft Bürgerlichen Rechts BGB-Gesellschaft gründen, sind Sie nicht im Handelsregister eingetragen. Sie dürfen nicht jeden Firmennamen benutzen, den Sie – vielleicht aus Werbungsgründen – für richtig halten. Weil diese Firmen an die Betreiberpersonen gebunden sind, müssen deren Namen im Titel der Firma auftauchen. Zusätze wie eine Berufsbezeichnung sind erlaubt – etwa „Lieferservice Horst Maier“ oder „Buchdruckerei Gerlinde Jelinek“.

Sie dürfen mit dem Firmennamen nicht den Eindruck erwecken, Sie seien ins Handelsregister eingetragene Kaufleute. Deshalb sind Zusätze wie das kaufmännische Zeichen „&“ und die Bezeichnung „& Co“ oder Ähnliches nicht zulässig.

Diese Regelungen bestehen, damit sich Ihre Geschäftspartner und (potenziellen) Kunden ein Bild darüber machen können, welche Rechtsform Sie gewählt haben. Denn dies hat Auswirkungen auf die Geschäftsbeziehungen und die Haftung. Etwa, wenn Sie eine mangelhafte Leistung abliefern oder mit Ihren Zahlungen nicht nachkommen.

Alle Geschäftsbriefe, die an einen bestimmten Empfänger gerichtet sind (also Postwurfsendungen oder Werbezettel) müssen mit dem Vor- und Zunamen des Inhabers beschriftet sein. Das gilt auch für Rechnungen, Quittungen und andere Geschäftspapiere. Die Namen müssen so geschrieben werden wie im Personalausweis. Der Vorname darf nicht abgekürzt werden. Bei Gesellschaften Bürgerlichen Rechts müssen alle Gesellschafter mit Vor- und Zunamen aufgeführt werden.

Wer einen phantasievollen Namen bevorzugt, muss entweder eine andere Gesellschaftsform wählen (GmbH oder AG) oder den Namen in einer Weise verwenden, dass er nicht als Firmenbezeichnung missverstanden werden kann.

Von zu Hause aus arbeiten

Für Gründer stellt sich die Frage, wo sie arbeiten wollen: in einem gemieteten Büro oder vom heimischen Wohn- oder Arbeitszimmer aus. Oft ist das Kosten-Argument das stärkste. Ein Büro verursacht Kosten – also nehmen viele davon Abstand. Doch die selbständige Arbeit von zu Hause ist eine große Herausforderung, nicht nur für Eltern von kleinen Kindern. Arbeit und Privates verschmelzen und sind schwer zu trennen. Gründer berichten, dass Sie im

Privatleben dauernd ein schlechtes Gewissen haben, weil Sie wissen, im Nebenraum ist der Schreibtisch voller Arbeit. Dazu kommt eine Erfahrung, die viele Gründer überrascht: Gründen macht einsam. Gerade Einzelunternehmer müssen mehr und mehr Entscheidungen treffen, die sie mit niemandem abstimmen können.
Und was ist mit der Büro-Miete? Erstaunt haben viele Nebenberufler mit eigenem Büro bemerkt, dass sie plötzlich viel motivierter waren, etwas mit ihrem Geschäft zu verdienen, als vorher. Sie wussten: Ich muss die Miete mindestens reinholen – ein lauer Monat ist nicht drin. Als tolle Alternative stellen sich oft Büro-Gemeinschaften heraus: Sie mieten zusammen mit anderen Gründern ein Büro und teilen sich die Kosten. Das hat auch den Vorteil, dass jemand das Telefon beantworten kann, wenn Sie nicht im Büro sind und Sie sich leicht mit anderen über Probleme und freudige Ereignisse austauschen können.
Andere Gründer haben gute Erfahrungen mit der Arbeit zu Hause gemacht – gerade seit es so einfach ist, über Internet und Telefon auch von zu Hause aus mit den Kunden und Lieferanten in Kontakt zu treten. Allerdings haben alle uns bekannten erfolgreichen Gründer, die zu Hause arbeiten, immer einen abgeschlossenen Raum zur Verfügung.

Vorteile Büro:

- Anderer Arbeitsstil: Sie arbeiten effizienter und ihre Arbeit fühlt sich professioneller an.
- Geringere Isolation: Je nach Lage können Sie andere Unternehmer/Gründer treffen und sich austauschen; Sie können Bürogemeinschaften bilden und sich so mit Kollegen vernetzen.
- Kundenwirkung: Sie können Kunden empfangen; sind eventuell näher an deren Arbeits- oder Lebensort.
- In Gründungszentren: Manchmal können Sie Sekretariat, Tagungsräume und technische Hilfsmittel mitnutzen.
- Leichtere Trennung zwischen Arbeit und Freizeit.

Nachteile Büro:

- Betriebskosten steigen: Die Büromiete müssen Sie zusätzlich erwirtschaften.
- Wenn Sie Kinder haben, müssen Sie eventuell Betreuung für die Zeit im Büro organisieren (jedoch gilt dies auch für die Arbeit im Heimbüro, wenn sie effizient sein soll).
- Sie müssen eventuell pendeln und haben Fahrtzeiten zum Büro.

Vorteile Heimbüro:
• keine Extra-Miete
• räumliche Nähe zur Familie
• keine Fahrzeiten und Fahrtkosten zum Büro

Nachteile Heimbüro:
• Man muss sehr diszipliniert sein, um Arbeit und Hausarbeit bzw. Freizeit zu trennen.
• Es ist schwer, Angehörigen klar zu machen, dass man arbeitet und nicht gestört werden will.
• Es ist nicht immer möglich oder macht keinen guten Eindruck, Geschäftskunden zu empfangen. Das heißt, Sie müssen zu den Kunden fahren. Das kostet Zeit.
• Viele Gründer fühlen sich isoliert.
• Auch um in einem Heimbüro effizient zu arbeiten, fallen Kosten an: Sie sollten nicht auf eine separate Firmen-Telefonleitung verzichten (dies erleichtert die steuerliche Abrechnung der Telefongespräche. Sie können einen Anrufbeantworter auf Firmenzwecke hin besprechen, es gehen keine Familienangehörigen ans Telefon, z.B. Kinder, und die Leitung ist nicht belegt, wenn Ihre Angehörigen telefonieren). Sie brauchen einen Internet-Zugang, der nicht die Telefonleitung blockiert. Sie müssen eventuell Umbauten vornehmen, um einen abgeschlossenen Raum zu haben.

Zum Weiterlesen:

Zum Thema Rechtsformen:
• Gründerzeiten: Informationen zur Existenzgründung und sicherung des Bundesministeriums für Wirtschaft und Arbeit, Nr. 33; kostenlos zu beziehen über das BMWi und auf dessen Homepage (**www.bmwa.de**) zum Herunterladen hinterlegt.

Thema: Freie Berufe:
www.freie-berufe.de Bundesverband der Freien Berufe in Berlin
www.ifb-gruendung.de Institut für Freie Berufe an der Universität Erlangen Nürnberg

Zum Thema: Genehmigungspflichten für Gründer:
• Broschüren IHK Nürnberg
www.ihknuernberg.de/start/start.html und andere IHKn.

5

Bewährungsphase
Oder:
Schwimmen im tiefen Wasser ...

Was Sie in diesem Kapitel erwartet:

- Verkaufen Sie sich nicht unter Wert: Was Ihr Service oder Ihr Produkt kosten sollte
- Woran Sie noch denken müssen, bevor der erste Kunde kommt
- Wie Sie mit Kosten, Steuern und Abrechungen umgehen sollten
- Zeit und Selbstmanagement – wie Sie Ihre wichtigsten Ressourcen nutzen sollten: sich und Ihre Zeit

Was sollte mein Service kosten? Wie viel will ich verdienen?

Ein typischer Fehler, den nebenberufliche Gründer immer wieder begehen, ist, sich unter Wert zu verkaufen. Das hat zwei Gründe: Zum einen haben sie niedrigere Kosten, da sie beispielsweise über die eigentliche Arbeitsstelle kranken- und sozialversichert sind oder zu Hause arbeiten. Zum anderen sind sich nebenberufliche Gründer oft nicht bewusst, wie viel sie wert sind, oder nehmen an, dass sie unter den Preisen bleiben müssen, die andere verlangen, um erst einmal in den Markt zu kommen. Ein gefährlicher Start.

1. Wie werden Sie spätere Preiserhöhungen rechtfertigen, wenn Sie das Gefühl haben, „etabliert" zu sein?
2. Sie verdrängen damit andere Unternehmer aus dem Markt und machen sich in ihrer Branche keine Freunde, denn sie verderben die Preise. Grundsätzlich lohnt es sich, die Preise der Mitbewerber zu kennen und sich an diesen zu orientieren.
3. Sie beuten sich selbst aus.
4. Sie wirken unprofessionell – wenn Sie selbst Ihren Wert niedrig ansetzen – wie sollen Ihre Kunden Sie hoch schätzen? Durch eine hohe Qualität können Sie sich besser einen Namen als guter Dienstleister machen als durch einen niedrigen Preis.

Wir haben im Folgenden einen Honorar-Berechner für Sie entworfen, der zumindest für den Anfang helfen sollte, den Wert Ihrer Arbeitsstunde und damit das Honorar für Ihre Leistungen zu berechnen. Im Internet finden Sie viele Hilfsprogramme, mit denen Sie die Berechnung „interaktiv" vornehmen können. Zum Beispiel unter *www.existenzgruender.de*. Dieser ist vor allem auf Dienstleistungen abgestimmt. Handelspreise werden anders berechnet. Dazu sollten Sie sich bei der IHK beraten lassen.

Nachdem Sie einige Monate im Geschäft sind, wissen Sie genauer über Ihre Kosten und Ausgaben Bescheid und sollten unbedingt eine genauere Berechnung vornehmen. Überprüfen sie auch von Zeit zu Zeit, welchen Stundenlohn Sie erwirtschaften – dies mag zu Beginn ernüchternd sein, denn zu Ihrer Arbeitszeit zählen viele Vorbereitungsstunden, die nicht bezahlt werden. Auch später zählen zur Arbeitszeit Stunden, in denen Sie nichts einnehmen, sondern Ihre Bücher führen, Aufträge an Land ziehen oder einfach keine Aufträge haben.

So kalkulieren Sie Ihre Honorare und Stundensätze			
Posten:		**So rechnen Sie:**	**Ergebnis:**
Einkommen, das Sie pro Monat anstreben (= Gewinn vor Einkommenssteuer)	A		€
Monatliche Ausgaben für Krankenversicherung *	B		€
Monatliche Ausgaben zur Altersvorsorge*	C		€
Verfügbares Monatseinkommen (vor Steuern)* **	**D**	**D= A-B-C**	**€**
Jahreseinkommen (vor Steuern)	E	E=D*12	€
Monatliche Betriebsausgaben	F		€
Mehrwertsteuer (16 % oder 7 % oder 0 %)	G		%
Notwendiger Monatsumsatz	**H**	**H=A+(A*G/100)+F**	**€**
Jahresumsatz	**I**	**I=H*12**	**€**
Arbeitstage im Jahr insgesamt (365 Tage abzgl. Feiertage und Wochenenden)	J		253 Tage
Geplante Urlaubstage im Jahr	K		Tage
Durchschnittliche Krankheitstage pro Jahr	L		Tage
Tage, die sie mit dem Hauptjob verbringen	M		Tage
Mögliche Arbeitstage	N	N=J-K-L-M	Tage
Unternehmerisches Ausfallrisiko**	O		%
Arbeitstage, die Sie Kunden in Rechung stellen können	P	P=N-(N*O/100)	Tage
Tagessatz (ohne MwSt)	**Q**	**Q=I/P**	**€**
Tagessatz (incl. MwSt)	**R**	**R=Q*(G/100)+Q**	**€**
Durchschnittliche Arbeitszeit pro Tag	S		Stunden
Zeit für Buchhaltung, Recherche, Akquise	T		Stunden
Effektive Arbeitsstunden pro Tag	U	U=S-T	Stunden
Stundensatz (ohne MwSt)	**V**	**V=Q/U**	**€**
Stundensatz (incl. MwSt)	**W**	**W=R/U**	**€**

* Kalkulieren Sie diese ein, auch wenn Sie sie momentan nicht zahlen. Dies erleichtert Ihnen zu gegebener Zeit den Übergang in die volle Selbständigkeit.

** Tage, an denen Sie keine Aufträge bekommen.

*** Zur Ermittlung der Steuerlast können Sie den Rechner des Finanzministeriums nutzen: http://www.abgabenrechner.de

Kurz vor der Eröffnung – Was noch zu tun bleibt, bis die ersten Kunden kommen

Endlich. Sie haben eine richtige Firma. Alles ganz offiziell. Und da der Zweck Ihres Unternehmens nicht darin besteht, zu Behörden zu laufen, Unterlagen zu sammeln und die Zukunft zu planen, müssen jetzt Kunden her. Es wird Zeit, die Pforten zu öffnen. Nur noch ein paar – wenn auch nicht ganz unwichtige – Kleinigkeiten bleiben, damit auch schon der erste Kunde gebührend bedient werden kann: Sie brauchen möglicherweise Allgemeine Geschäftsbedingungen, einen Briefkopf und Formulare für Rechnungen und Angebote, eine Homepage und Visitenkarten.

AGB (Allgemeine Geschäftsbedingungen)

Verträge mit Kunden oder Lieferanten können Sie jedes Mal einzeln aushandeln – das heißt jedoch, dass die Verträge und die Verhandlungen ausufern. Denn so müssen Sie immer wieder in jedem Vertrag festhalten, was Sie exakt liefern (und was in der Lieferung nicht enthalten ist), wann und zu welchem Preis, was passiert, wenn Sie zu spät liefern, wer für Schäden haftet, wie die Bezahlung geregelt wird usw. Im Geschäftsverkehr hat sich jedoch eine Praxis etabliert, die diese Verhandlungen erheblich vereinfacht: Man greift auf Allgemeine Geschäftsbedingungen (AGB) zurück. Diese sind vorformulierte Vertragsbedingungen, die Sie Ihren Kunden oder Lieferanten bei Abschluss eines Vertrages stellen. Solche AGB dienen der Vereinfachung von Einzelverträgen. Im eigentlichen Vertrag muss nur noch auf die AGB verwiesen werden.

Bei der Formulierung von Verträgen und AGB herrscht viel Gestaltungsspielraum. Zur Orientierung sind Musterverträge nützlich. Solche gibt es bei den IHK und bei den Branchenverbänden. Die eigenen AGB können Sie daran anlehnen.

Achtung! Auch Ihre Geschäftspartner und ggf. Kunden haben AGB. Prüfen Sie vor Vertragsabschluss unbedingt auch diese. Sind darin Passagen enthalten, die Ihren AGB widersprechen, müssen Sie eine vertragliche Regelung aushandeln.

Vorsicht
Hier können Probleme entstehen

Sie dürfen nicht einfach die AGB von anderen Firmen übernehmen. Dabei gibt es zwei mögliche Gefahren:

1. Nur weil eine andere Firma die AGB nutzt, müssen sie nicht zu Ihren speziellen Unternehmensgegebenheiten passen. Aber vor allem – müssen sie nicht rechtlich einwandfrei sein. Wenn in den AGB Regelungen enthalten sind, die nicht rechtmäßig sind, können die gesamten Verträge ungültig werden.
2. Die AGB anderer Firmen sind geistiges Eigentum des Urhebers und durch das Urheberrecht geschützt. Es drohen Strafen und bei der Veröffentlichung der AGB im Internet Abmahnungen. Besser ist es, die AGB von einem Fachanwalt erstellen zu lassen, sich an die Vorlage der IHK anzulehnen oder AGB-Vorlagen bei Dienstleistern zu erwerben.

Briefkopf, Visitenkarten und Formulare

Als Kleinunternehmer dürfen Sie nicht einfach jeden Firmennamen benutzen. Der Name des Inhabers muss im Firmennamen auftauchen. (Mehr dazu auf S. 107) Eine ähnliche Bedingung gilt für Ihren Briefkopf: Ihr Name und der Name Ihrer Mitinhaber muss mit Vor- und Nachnamen in derselben Schreibung wie im Personalausweis aufgeführt werden. Vornamen dürfen nicht abgekürzt werden. Eine vollständige Post-Adresse muss immer angegeben werden. Einzige Ausnahme sind Postwurfsendungen – also Werbung, die sich nicht an eine bestimmte Adresse richtet. Für andere Gesellschaftsformen mit Handelsregistereintrag gelten zusätzliche Bedingungen – müssen etwa Sitz, zuständiges Amtsgericht und Aufsichtsratsvorsitzender aufgeführt werden. All das ist bei Kleinunternehmen nicht notwenig.

Logo? Logisch!

Das Erscheinungsbild Ihres Briefkopfes sollte sich auf allem wiederfinden, was Ihre Firma verlässt – etwa auf Firmenbroschüren, Visitenkarten, Plakaten, Angeboten, Werbegeschenken, der Homepage und eben Briefen. Ihre Kunden und Geschäftspartner können Ihre Schriftstücke und damit Ihre Firma wiedererkennen. Gerade weil es so vielseitig verwandt wird – und nicht so oft geän-

dert werden sollte, damit sich die Kunden nicht umgewöhnen müssen – sollten Sie bei der Erstellung lieber einen Gedanken mehr investieren.
Was den Stil betrifft, gilt: Lesbarkeit geht vor. Wählen Sie eine Schriftart, die leicht lesbar ist. Die Schriftgröße sollte so beschaffen sein, dass Ihre Geschäftspartner die Telefonnummer wählen können, wenn sie den Brief vor sich auf dem Tisch liegen haben. Wählen Sie eine Schriftart, die stark verbreitet und damit wahrscheinlich auf fast allen Computern installiert ist. Dies gilt vor allem, wenn Sie Dokumente per Internet versenden. Ist die Schriftart beim Empfänger nicht installiert, kann es sein, dass Ihr Brief auf seinem Computer unlesbar ist. Allgemein gilt bei Gestaltungsfragen: Weniger ist mehr.

Tipp 1)
Erstellen Sie Ihr Logo/Design nur dann selbst, wenn Sie sehr gut mit dem Computer umgehen können und grafische Vorkenntnisse haben – sonst wird man ihnen immer ansehen, dass sie selbst gemacht sind, und der professionelle Eindruck ist dahin. Sie können das an Ihrer eigenen Reaktion sehen – professionelle Geschäftspapiere verschaffen dem Absender einen Vertrauensvorsprung.

Tipp 2)
Wenn Sie die Erstellung eines Logos als Auftrag vergeben – suchen Sie sich einen echten Fachmann. Es gibt inzwischen viele Dienstleister, die von den Geschäftspapieren bis zur Homepage alles für Sie „wie aus einem Guss" herstellen. Manche bieten langfristige Geschäftskontakte und übernehmen auch noch den Druck von Weihnachtskarten, Firmenbroschüren und Serienbriefen – immer im gleichen Design. Dennoch neigen junge Geschäftsleute dazu, sich diese Dinge von Studenten, Freunden oder Bekannten „unter der Hand" anfertigen zu lassen. Was zunächst günstig wirkt, kann leicht teuer werden – dann nämlich, wenn Sie nach einiger Zeit bemerken, wo die Schwächen der Homepage oder des Logos sind, und einen neuen Auftrag vergeben müssen. Außerdem können Sie die Erstellung der Homepage oder des Logos nur als Betriebskosten abrechnen, wenn Sie eine gültige Rechnung bekommen.

Tipp 3)
PRAXISTIPP: Auch wenn ihr Logo oder der Firmenname in Farbe toll aussieht, denken Sie an eine Schwarz-Weiß-Variante. Es wird

sehr teuer, jeden Brief und jedes Angebot in Farbe zu bedrucken. Auch bei den Innenseiten von Broschüren wird aus Kostengründen oft auf Farbe verzichtet. Ihr Firmendesign sollte deshalb auch in Schwarzweiß gut aussehen. Kritisch sind sehr helle Farben, die bei einem Schwarzweiß-Ausdruck fast verschwinden und sehr geringe Farbkontraste – sie erscheinen in Schwarzweiß oft als eine einzige Farbe.

Tipp 4)
Visitenkarten sind teilweise kostenlos im Internet erhältlich, wenn man akzeptiert, dass eine Werbung der Druckerei auf der Rückseite erscheint. (Dazu einfach in einer Suchmaschine „Visitenkarten gratis" eingeben – Sie erhalten viele Angebote). Dies kann eine gute Lösung sein, um erst einmal zu starten. Auch, wenn absehbar ist, dass Sie bald in ein Büro umziehen, sind sie eine Alternative. Achten Sie in dem Fall darauf, dass eine Kontakt-Möglichkeit auf der Karte auch langfristig zur Verfügung steht – etwa die Handy-Nummer oder E-Mail-Adresse. Der Nachteil neben der Werbung auf der Rückseite – meist können Sie nicht Ihr Firmen-Design benutzen. Langfristig ist es auf jeden Fall ratsam, richtige Visitenkarten herstellen zu lassen. Auch hier sind Internet-Druckereien eine preiswerte Alternative. Zuweilen dauert die Lieferung jedoch Wochen. Lokale Druckereien haben den Vorteil, dass Ihnen Probedrucke vorgelegt werden und Sie danach noch letzte Korrekturen vornehmen können.

Rechnungen – Nur wenn alles richtig ist, fließt das Geld

Seit Januar 2004 gelten bestimmte Vorschriften für Rechnungen. Sie müssen seitdem bestimmte Angaben zwingend enthalten. Wenn Sie nicht alle Angaben ordnungsgemäß aufführen, bekommen sowohl Sie als auch Ihr Kunde bei der Steuerabrechnung Probleme – kein guter Eindruck. Wichtig ist noch: Wenn Sie für das Erstellen einer Leistung Kosten hatten, die der Auftraggeber Ihnen erstattet, müssen diese extra abgerechnet werden. Dies ist für Ihre Steuererklärung wichtig. In dem Fall schreiben Sie eine Rechnung über die vereinbarte Leistung und eine Kostenabrechnung für die angefallenen Nebenkosten (die nicht im Rechnungsbetrag enthalten sind).

Beispiel: Sie sind Grafiker und sollen eine Firmenbroschüre entwerfen. Der Auftraggeber wünscht sich, dass Sie auch den Druck von 500 Stück übernehmen – in dem Fall werden die Kosten für den Druck üblicherweise extra abgerechnet und der Grafiker erhält das Honorar für seine Leistung und die Überwachung des Drucks.

TIPP

Das gehört auf die Rechnung

1. Vollständige Firmierung und Anschrift des leistenden Unternehmers und des Leistungsempfängers (d.h. neben den Adressen auch die korrekte Firmenbezeichnung).
2. Ihre vom Finanzamt erteilte Steuernummer.
3. Das Ausstellungsdatum.
4. Eine fortlaufende Nummer zur Identifizierung der Rechnung (Rechnungsnummer). Sie darf von Ihnen als Rechnungsaussteller nur einmal vergeben werden. Am besten ist es, Sie fertigen eine Rechnungsliste an, auf der sie alle Rechnungen des Jahres eintragen. Sie können die Rechnungen fortlaufend durchnummerieren oder nach Kunden getrennt. Das System sollte nicht zu kompliziert sein und bis zum Jahresende durchgehalten werden.
5. Die Menge, der Preis und die Art (handelsübliche Bezeichnung) der gelieferten Gegenstände oder den Umfang und die Art der sonstigen Leistung (also Anzahl der Seiten oder Anzahl der geleisteten Arbeitsstunden oder gelieferten Packungen etc.).
6. Den Zeitpunkt der Lieferung oder der sonstigen Leistung.
7. Die Leistungen oder Gegenstände müssen nach Steuersätzen bzw. Befreiungen getrennt aufgeschlüsselt werden. Wurde im Voraus eine Preisminderung vereinbart (z.B. Skonto bei Bezahlung bis zu einem bestimmten Tag, Rabatte bei bestimmten Mengen), muss dies ebenfalls auf der Rechnung erscheinen.
8. Für jeden Posten separat den anzuwendenden Steuersatz und den jeweiligen Steuerbetrag oder im Fall der Steuerbefreiung einen Hinweis, dass für die Lieferung oder sonstige Leistung eine Steuerbefreiung gilt.
9. Bei Rechnungen unter 100 Euro dürfen der Name und die Anschrift des Leistungsempfängers sowie die Rechnungsnummer weggelassen werden.

In unserer Musterrechnung finden Sie ein Beispiel für eine Unternehmerin, die nicht unter die Kleinunternehmer-Regel fällt und eine Leistung mit 16 Prozent Umsatzsteuer und eine mit 7 Prozent Umsatzsteuer erbracht hat. Während für fast alle Lieferungen und Leistungen 16 Prozent Umsatzsteuer gelten, müssen bestimmte Leistungen nur mit 7 Prozent versteuert werden. Dazu gehören bestimmte künstlerische Leistungen und bestimmte Leistungen aus der Landwirtschaft. Informationen über diese und weitere Umsatzsteuerermäßigungen finden Sie in Steuerlexika oder direkt im Umsatzsteuergesetz, dass auf der Internet-Seite des Bundesfinanzministeriums zu finden ist.
http://www.bundesrecht.juris.de/bundesrecht/ustg_1980/index.html

Herta Schmidt
Vollmersstr. 24
12345 Irgendstadt

Irma Irgendwer
Übersetzungsbüro
Nirgendweg 113
12345 Irgendstadt
Steuernummer
22-444-555-6

Rechnung Nr. 12/01

Irgendstadt, 24.5.2004

Sehr geehrte Frau Dr. Schmidt,

für die Ausführung der unten genannten Leistungen, die ich am 17.5. an Sie geliefert habe, erlaube ich mir, zu berechnen:

Pos.	Anz. Druckseiten	Bezeichung	Preis	
1	13	Übersetzung Ihrer Texte aus dem Englischen	Nettopreis USt. 16%	390,00 Euro 62,40 Euro
2	2	Verfassen eines Firmenportraits in englischer Sprache	Nettopreis USt 7%	220,00 Euro 15,40 Euro
			Summe Nettobeträge:	610,00 Euro
			Summe USt:	77,80 Euro
			Rechnungsbetrag:	687,80 Euro

Bitte überweisen Sie den Rechnungsbetrag unter Angabe der Rechnungsnummer auf unten angegebenes Konto.

Mit freundlichen Grüßen,
Irma Irgendwer

Bankverbindung: Niemalsbank, BLZ 123 456 78, Konto: 999 999 999

Steuern sparen: Ein paar Ideen, wie Sie Ihre Steuerlast senken können

Ganz grundsätzlich: Sie zahlen Steuern auf Ihren Gewinn. Wenn Sie ein Gewerbe angemeldet haben, auch Gewerbesteuern. (Mehr dazu auf S. 79). Solange Sie keinen Gewinn haben, müssen Sie keine Steuern zahlen. Der Gewinn sinkt, wenn die Kosten steigen. Als Betriebskosten gelten grundsätzlich alle Dinge, die sie für Ihre Arbeit in der Firma brauchen. Es lohnt sich, bei den einzelnen Ausgaben sparsam zu sein, denn alles, was weniger als 410 Euro kostet, kann sofort in voller Höhe abgesetzt werden. Investitionen, die mehr kosten, werden über mehrere Jahre abgeschrieben. Es gibt viele weitere Fakten, die wichtig sind. Deshalb empfehlen wir, die Steuererklärung mit einem Steuerberater zusammen zu erledigen. Unsere Tipps sind dazu gedacht, dass Sie wissen, wonach Sie ihn fragen können, wissen, welche Ausgaben steuerlich absetzbar sind (Belege sammeln!) und welche Probleme auftreten können.

Der Steuerschock

Eine frustrierende Situationen ist vielen Selbständigen – und auch den Teilzeit-Selbständigen bekannt. Sie tritt gewöhnlich im zweiten oder dritten Jahr der Geschäftstätigkeit auf und kann äußerst frustrierend wirken: Der „Steuerschock". Sie haben alle Belege gesammelt und erstmals etwas verdient. In den Vorjahren haben Sie Verluste gemacht und keine Einkommenssteuern nachgezahlt. Ordentlich und akkurat tragen Sie die Unterlagen zum Steuerberater, der ihnen mitteilt, dass Sie Steuern nachzahlen müssen. Mehr noch: Sobald der Steuerbescheid eintrifft, verlangen die Finanzämter oft Vorauszahlungen, abhängig vom Verdienst des Vorjahres. Damit kann es passieren, dass Sie auf einen Schlag die Steuern für das Vorjahr und für das momentane Einkommen abführen müssen.
Machen Sie sich darauf gefasst und bilden Sie Rücklagen. Sie müssen damit rechnen, dass durchschnittlich etwa 25 Prozent Ihres Gewinnes versteuert werden. Genauere Angaben sind nicht möglich, da die Höhe der Steuern davon abhängt, wie Ihre persönliche und familiäre Einkommenssituation ist.
Das heißt, nach Abzug der Kosten ihrer Nebenbeschäftigung sind weitere 30 Prozent Ihrer Einnahmen nicht zum Konsum bestimmt. Falls Sie nicht daran gedacht haben und nun vor einem Ausgabenberg sitzen: Bei der Steuernachzahlung ist es

in der Regel möglich, den Betrag zu stunden, also später zu zahlen, oder in Raten zu tilgen. Fragen Sie beim Finanzamt nach den Möglichkeiten. Auch bei den Vorauszahlungen gibt es oft ein Entgegenkommen beim Zahlmodus. Es lohnt sich, hier um Sonderregelungen zu bitten. Sie verringern zwar nicht die Summen, aber die Lücke, die diese Zahlungen einmalig in Ihr Budget reißen. Keinen Aufschub gibt es bei den Zahlungen der Umsatzsteuer. Da Sie dieses Geld ja von den Kunden in der Regel bereits erhalten haben, akzeptiert das Finanzamt nicht als Begründung, dass Sie in akuter Finanznot stecken.

Fahrten/Firmenwagen: Es lohnt sich für Jungunternehmer mit wenigen beruflichen Fahrten, den für die Firma genutzten Wagen nicht über den Betrieb laufen zu lassen. Besser ist es, einen Privatwagen zu nutzen und die Reisekosten mit der Firma abzurechnen. Sie können pauschal 0,30 Euro für jeden betrieblich gefahrenen Kilometer absetzten. Außerdem muss der Unternehmer bei einem Privatfahrzeug keinen so genannten geldwerten Vorteil versteuern (den er hätte, wenn er umgekehrt einen Firmenwagen auch privat nutzte). Wichtig dafür: Fahrtenbuch führen. Dies ist jedoch aufwändig: Es muss alle gefahrenen Kilometer abdecken – nicht nur die Dienstfahrten.

Aktion „Schönes Büro“: Als Unternehmer verbringen Sie viel Zeit in Ihrem Büro und empfangen vielleicht sogar Gäste darin. Deshalb muss es einen guten Eindruck machen. Kosten, die sie haben, um diesen Eindruck zu verbessern, können Sie als Betriebsausgaben absetzen. Dazu gehören Kosten für die Renovierung, die Möbel, Putzmittel, aber auch Zimmerpflanzen und die Mittel zu deren Pflege (Dünger, Gießkanne usw.). Beachten Sie dabei: Übersteigt eine Ausgabe die 410 Euro-Grenze, muss sie abgeschrieben werden. Das heißt, es wird nicht sofort der ganze Betrag auf Ihre Betriebskosten geschlagen, sondern nur ein Teil. Es lohnt sich also nicht nur deshalb, bei den einzelnen Ausgaben auf jeden Euro zu schauen. Absetzen können Sie – nicht nur hierbei – auch die Transportkosten, die im Zusammenhang mit einer betrieblichen Anschaffung angefallen sind. Vorsicht: Die Ausstattung des Büros oder Geschäftes muss dem Betrieb in Art und Umfang angemessen sein. Wenn Sie als nebenberuflicher Hausmeister mit einem Umsatz von 10.000 Euro im Jahr mehrere Tausender für die Stereo-Anlage mit Boxen in Ihrem Büro absetzen wollen, wird der Finanzbeamte stutzig. Als nebenberuflicher Platten-produzent könnten sie damit Erfolg haben.

A propos Büro: Auch das heimische Arbeitszimmer kann als Posten in den Betriebskosten von der Steuer abgesetzt werden. Welchen Anteil hat das Zimmer an der gesamten Wohnung? Diesen Anteil der Miete können Sie ansetzen. Dazu kommt der entsprechende Teil der Heizkosten und der Kosten für Strom. Auch die Nebenkosten können anteilig abgesetzt werden (Müllgebühren, Gebühren für die Hausverwaltung, Wasser usw.). Das Arbeitszimmer sollte tatsächlich vorhanden sein – denn bei einer Prüfung müssen sie es vorweisen können. Es sollten (nicht nur aus steuerlichen Gründen – sondern auch aus professionellen) Anzeichen von privater Nutzung fehlen. Also: Die Schlafcouch, auf der die Oma schläft, wenn Sie zu Besuch kommt, wird einen prüfenden Finanzbeamten auf die Idee bringen, das Büro wird nicht ausschließlich für Betriebszwecke genutzt. Ebenso die Plattensammlung (außer Sie sind DJ) oder eine Fernseh-Ecke (außer, Fernsehen gehört zu Ihrer Arbeit z.B. als TV-Journalist).

Werbung und Marketing: Um an Kunden zu kommen, müssen Sie auf sich aufmerksam machen. Steuerlich gesehen, kann Ihnen dazu jedes Mittel recht sein, denn alle so entstehenden Kosten kommen auf die betriebliche Ausgabenseite – auch wenn die Werbung ineffektiv ist. Sie können Ihren Kunden Werbegeschenke machen, die teilweise (!) als Betriebskosten gerechnet werden. Von Porto-Kosten über die bedruckten Firmenkugelschreiber bis zum Abendessen mit potenziellen Kunden in einem Restaurant können Sie alles als Betriebsausgaben abrechnen. Bei der Abrechung von Bewirtungen gibt es einiges zu beachten – dazu mehr im nächsten Punkt. Eine Werbe-Aktion kann Ihr Porto erheblich erhöhen. Diesen Grund sollten Sie sie im Postausgangsbuch bzw. Portobuch vermerken.

Guten Appetit, lieber Kunde: Bewirtungen sind eine besonders schöne Betriebsausgabe – aber auch eine, die besonders leicht erfunden werden kann. Deshalb schaut das Finanzamt ganz genau hin, wenn Sie eine Restaurantquittung einreichen. Zunächst werden nur 80 Prozent der Kosten als Betriebsausgabe anerkannt. Das Finanzamt geht davon aus, dass Sie neben den beruflichen Pflichten auch etwas Freude hatten – und dies ist kein Betriebskosten-Faktor.
Achten Sie bei der Auswahl des Restaurants darauf, dass es dem Betrieb angemessen ist. Heben Sie die Quittung vom Restaurant auf jeden Fall auf. Darauf muss der Wirt (bei Rechnungen über 100 Euro) die Namen der Beteiligten aufführen bzw. Ihre Liste

mit Unterschrift bestätigen. Oft gibt es dafür auf Restaurant-Quittungen vorgedruckte Felder.
Außerdem sollten Sie in Ihren Unterlagen genau benennen: Wer war anwesend (auch bei Rechnungen unter 100 Euro) und welche Geschäftsbeziehungen bestehen? Vergessen Sie sich selbst (oder einen Mitarbeiter Ihrer Firma) nicht bei der Aufführung der Teilnehmer. Welches Projekt wurde besprochen? Was war der Anlass (Geschäftsanbahnung, Geschäftsabschluss, Lieferung)? Das Finanzamt kann freilich nicht verlangen, dass das Essen ein Erfolg wird und tatsächlich ein Vertragsabschluss resultiert. Entscheidend ist die Absicht. Auch Trinkgelder können steuerlich geltend gemacht werden – dazu muss der Kellner den Erhalt einer Summe (bis zu 10 Prozent der Rechnungssumme, Höchstbetrag 25 Euro) quittieren. Was darüber hinausgeht, bedarf einer maschinellen Quittung.

Sie können nicht alles allein schaffen – und müssen nicht alles allein finanzieren: Wenn Sie für Ihre Arbeit Helfer anstellen, können Sie die Kosten für diese Hilfe zu Ihren Betriebsausga-ben dazuzählen. Dazu schreiben Freiberufler oder Firmen eine Rechnung. Dies gilt neben den üblichen Dienstleistern wie Steuerberatern, Notaren oder Rechtsanwälten auch für die Putzfrau im Büro und andere Unternehmer oder Freiberufler aus Ihrem Netzwerk, die Ihnen bei einem Auftrag helfen. Auch Familienangehörige können Sie in Ihrer Firma einstellen. Dabei werden aber strenge Maßstäbe angelegt, um sicherzugehen, dass Sie nicht einfach Ihr Einkommen um Steuern zu sparen auf Ihre Familie verteilen. Wichtig ist: Das Arbeitsverhältnis muss dem Fremdvergleich standhalten. Die Löhne beziehungsweise Hono-rare müssen denen von Nicht-Familienangehörigen entsprechen. Für die Tätigkeit müssen sie ggf. qualifiziert sein. Dieses Einkommen müssen Ihre Familienangehörigen versteuern. Wenn Ihr Sohn oder Ihre Tochter in Ihrem Büro putzt, gelten für sie die üblichen arbeitsrechtlichen Bestimmungen, so als würden Sie fremde Menschen anstellen. Der Lohn für die Arbeit sollte regelmäßig überwiesen werden, Arbeitszeit, Pausen, Krankheitsregelungen und Aufgaben schriftlich festgehalten werden. Sie müssen die üblichen Anmeldungen bei der Sozial- und Krankenversicherung vornehmen.

Sparen wird belohnt: Was Sie nächstes Jahr kaufen, können Sie schon dieses Jahr absetzen.
Sie können so genannte Ansparabschreibungen vornehmen. Das

heißt, sie legen sich Geld für eine größere Investition wie einen Computer oder eine Büro-Ausstattung zurück und können diese Rücklage vom Gewinn abziehen. Diese Ansparabschreibungen funktionieren wie ein zinsloses Darlehen vom Staat. Doch Vorsicht – es ist zweckgebunden! Das Finanzamt merkt sich Ihre Absichten. Auch wenn Sie die guten Vorsätze, das Büro zu erneuern, längst vergessen haben, es wird Sie spätestens nach 5 Jahren daran erinnern. Dann müssen Sie die Investition tätigen oder das Geld zu ihrem Gewinn in dem betreffenden Jahr hinzufügen – und dann versteuern.

Steuern & Finanzamt – Was Sie außerdem beachten müssen

Bei Kleinunternehmern verwischen zuweilen die Grenzen zwischen dem, was man privat besitzt, und dem, was die Firma besitzt. Bleiben Sie genau und führen Sie eine Inventarliste über die Gegenstände, die sie über mehrere Jahre als Betriebsausgaben abschreiben. Denn: Wenn Sie den Computer, den sie als Betriebsausgabe abgeschrieben haben, verkaufen – selbst an Private – müssen Sie auf den Verkaufswert 16 Prozent Umsatzsteuer ausweisen und die so eingenommene Umsatzsteuer an das Finanzamt abführen (außer, Sie sind als Kleinunternehmer davon befreit).

Auch wenn Sie für die Steuererklärung zunächst nur eine Liste mit den Ausgaben einreichen müssen und nicht alle Belege, können Sie diese mit dem Abgeben der Steuererklärung nicht einfach vernichten. Belege und andere Geschäftsunterlagen müssen Sie zwischen sechs und zehn Jahre lang aufbewahren.

Vorsicht
Hier können Probleme entstehen

Liebhaberei – Das Finanzamt findet, Sie lieben Ihren Job zu sehr

Der Definition nach ist ein Gewerbe unter anderem dadurch gekennzeichnet, dass der Betreiber es mit Gewinnerzielungsabsicht betreibt – das heißt, er will etwas damit verdienen, dass er Brötchen bäckt, Wasserhähne repariert oder Wohnungen putzt. Ob er es auch tatsächlich tut, ist eine andere Frage. Vor allem in den ersten Jahren haben Kleingewerbetreibende in der Regel höhere Kosten als Einnahmen – das heißt, sie machen statt Gewinn (der zu versteuern wäre) jahrelang Verluste. Und auch später wirft der Betrieb oft weniger ab als erwartet. Hier ist Vorsicht geboten: Das Finanzamt könnte „Liebhaberei" unterstellen. Das heißt, es wird angezweifelt, dass Sie eine Gewinnerzie-lungsabsicht haben – ergo überhaupt ein Gewerbetreibender sind. Gedacht ist die Regel dafür, dass nicht jeder einfach sein Hobby als Gewerbe anmeldet und die Kosten dafür von der Steuer absetzt – auch wenn er niemals eine seiner Schnitzarbeiten oder seiner handgetöpferten Küchenteller verkaufen will. Auch wer ein Wochenendhaus baut, könnte ohne diese Regel einfach behaupten, es soll gewerblich vermietet werden – und damit die Kosten für den Bau absetzen, auch wenn sich niemals ein Mieter findet. So gesehen, hat die Regel ihren Sinn.

Leider wird auch vielen jungen Unternehmern „Liebhaberei" unterstellt. Vor allem nebenberufliche Gründer, sehr kleine Unternehmen und Firmen mit hohen Betriebskosten können unter den Verdacht fallen. Auch bestimmte Berufsgruppen sind häufiger betroffen: Fotografen beispielsweise oder andere Künstler, deren Tätigkeiten für viele andere Menschen tatsächlich ein Hobby sind. Das kann böse Folgen haben: Können sie den Verdacht der Liebhaberei nicht wiederlegen, werden die Kosten Ihres Unternehmens wie private Kosten behandelt – das heißt, Sie können sie nicht von Ihren Einnahmen abziehen, um die Steuerlast zu verringern. Vom Bundesfinanzhof wurde akzeptiert, dass bei künstlerischen Tätigkeiten manchmal acht oder zehn Jahren vergehen, bis positive Einkünfte erwirtschaftet werden. Bei anderen Berufen kann der Verdacht auf Liebhaberei schon früher entstehen. Vorsicht ist auch bei Unternehmen mit so hohen Ausgaben geboten, dass ein Gewinn auch über einen längeren

Zeitraum nicht zu erwarten ist. Wenn sich ein Gewerbetreibender nicht bemüht, die Ausgaben zu begrenzen, kann dies als weiteres Indiz dafür gesehen werden, dass er keine Absicht hat, Gewinn zu erwirtschaften.

TIPP

Das Finanzamt unterstellt „Liebhaberei". Wie sollten Sie reagieren?

- Nehmen Sie dieses Problem keinesfalls auf die leichte Schulter. Je nach Betriebskosten drohen erhebliche Steuernachzahlungen.

- Wenn der Verdacht entstanden ist: Erheben Sie Einspruch. Legen Sie dem Finanzamt ein schlüssiges Finanzierungskonzept vor, das für die Zukunft Gewinne ausweist. Suchen Sie dazu am besten den zuständigen Finanzbeamten in seinen Sprechzeiten auf. Es lohnt sich, hier einen Steuerberater einzuschalten – auch wenn der kurzfristig Kosten verursacht. Ebenso können Beratungsstellen helfen, das Finanzierungskonzept auf Plausibilität hin zu untersuchen.

- Das Finanzamt kann tatsächlich oder „unter Vorbehalt" akzeptieren, dass es sich nicht um Liebhaberei handelt. Wenn es Ihr Gewerbe nur „unter Vorbehalt" als solches anerkennt, könnte es später, wenn Sie nicht wie erwartet Gewinn erwirtschaftet haben, die Einkommenssteuerbescheide rückwirkend ändern. Dann drohen Steuernachzahlungen.

- Vorsicht: Erkennt das Finanzamt in einem Jahr an, dass die Tätigkeit auf Gewinnerzielung ausgerichtet ist (also keine Liebhaberei), heißt das nicht, dass Sie in den folgenden Steuerjahren ebenfalls als Gewerbe anerkannt werden. Manchmal kommt dieser Verdacht erst nach Jahren auf – dann drohen Nachzahlungen, wenn Sie nicht reagieren.

Zeit- und Selbstmanagement für Gründer nebenbei – Balanceakt zwischen Familie, Job und Firma

Gründerinnen und Gründer – zumal diejenigen, die nebenbei noch einen Job haben – haben ungewöhnliche Gegner: den inneren Schweinehund zum Beispiel, die Arbeitswut oder die Lähmung, wenn der Terminkalender leer ist. Dazu kommt für nebenberufliche Gründer gleich eine dreifache Stressquelle: Sie müssen Privates, Job und Gründung managen. Nicht selten führt das dazu, dass Gründer buchstäblich arbeiten bis zum Umfallen. Sich selbst zu führen ist eine der größten Herausforderungen. Wir wollen Ihnen im folgenden Abschnitt zeigen, welche Tricks es gibt und wie Sie auch ohne den Druck von „oben“ effektiv arbeiten und sich organisieren.

Zunächst zum Start. Je nachdem, wie es in Ihrem eigentlichen Beruf oder zu Hause aussieht, sehnen Sie sich danach, endlich selbstbestimmt zu arbeiten. Dies ist in Umfragen der am häufigsten genannte Grund dafür, dass Menschen sich selbständig machen: Sie wollen selbst bestimmen, sich entfalten und entwickeln. Etwas eigenes aufbauen. Erkennen Sie sich wieder? So weit, so gut.

Die ersten Tage laufen meist gut. Hier haben Sie eine Besorgung zu machen, dort einen Weg. Sie müssen zu Ämtern gehen, planen schon einmal Ihr künftiges Logo, lesen Gründungsratgeber und richten Ihr Büro ein. Die Zeit, die Ihnen für die Gründung bleibt, ist ausgefüllt und spannend. Auch wenn der Laden zu laufen beginnt, gibt es genug zu tun. Ein kleiner Eröffnungsempfang vielleicht, eine Anzeige für die Lokalzeitung oder die Montage eines Firmenschildes lassen die Zeit im Nu verfliegen. Doch dann sind da auch die anderen Aufgaben, die weniger Freude machen: Kostenpläne aufstellen, sich in Buchführung einarbeiten oder der Besuch bei der Bank – all das muss vorbereitet und erledigt werden. Plötzlich fehlt etwas: Es gibt niemanden, der einen antreibt. Dann gibt es Wochen, in denen die Familie die Mutter oder den Vater gar nicht sieht, weil sie oder er bis spät in der neuen Firma sitzt und den Aufgaben kaum noch nachkommt. Und irgendwann kommt ein Tag ganz ohne Termine. Und dann noch einer. Das Telefon steht still, neue Aufträge oder Kunden sind nicht in Sicht. Sie müssen erst gefunden werden. Wenn man sich nur aufraffen könnte ...

Zu den anspruchsvollsten Aufgaben bei der Unternehmensgründung gehören Zeit- und Selbstmanagement. Der eigene Herr zu sein ist schwerer, als es zunächst scheint. Gründer müssen das richtige Maß finden an Arbeit und Freizeit, Ehrgeiz und Erholung, Vorausschauen und Ausführen. Sie müssen sich selbst antreiben und zurückhalten. Selbst Ziele, Wege und Mittel festlegen und diszipliniert einmal gefasste Pläne einhalten – auch wenn niemand kontrolliert.
Obwohl dieses Thema fast alle Gründer betrifft und Untersuchun-

gen zufolge auch als eines der wichtigsten Faktoren für den Erfolg von Unternehmern ist, werden sie oft damit allein gelassen. Disziplin und Selbstmanagement werden häufig als ein Charakterzug gesehen, den man eben hat, und nicht als eine Fähigkeit, die man trainieren kann. Dabei gibt es ganz konkrete Techniken, die Gründer erlernen können.

In der Planungsphase: Wie viel Zeit haben Sie tatsächlich für Ihr Unternehmen?

Einer der häufigsten Fehler im Umgang mit der Zeit ist, sie zu überschätzen. Gerade wer viel vorhat, neigt dazu den Tag zu überfrachten und ihn mit Terminen zu überladen. Deshalb ist der erste Schritt zum besseren Umgang mit der Zeit, eine realistische Vorstellung von ihrem Umfang zu haben. Versuchen Sie das einmal anhand der Zeit, die Ihnen für die Gründung und später für die Unternehmensaufgaben bleibt. Füllen Sie den Zeitkasten nach den momentanen Gegebenheiten (am besten mit dem Bleistift – denn gleich werden wir Sie auffordern zu radieren) aus. Beschönigen Sie nichts – es geht erst einmal darum eine Analyse Ihrer momentanen Zeitaufteilung vorzunehmen.

	Mo	Di	Mi	Do	Fr	Sa	So	Summe: So viel Zeit kosten die Aktivitäten pro Woche
Schlafen								
Körperpflege								
Fahrtzeiten								
Frühstück/Abendessen: vorbereiten + essen								
Einkaufen								
Mittagspause								
Zeit, die Sie mit Ihrem Hauptjob verbringen*								
Kinder zum Kindergarten/ Schule bringen/abholen								
Zeit für die Familie/ Freunde								
Zeit für Sie selbst								
Zeit für Hobby oder Verein								
Summe bilden. So viele Stunden sind fest verplant								
Ein Tag hat 24 Stunden - wie viele bleiben davon für die Selbständigkeit?								

* Arbeitszeit im Hauptjob, Stunden in der Universität, Stunden, in denen Sie bei der Kindererziehung niemand vertreten kann

Haben Sie einen Schreck bekommen? Ihr Leben ist eigentlich schon voll verplant, und es bleiben gerade noch 3 bis 4 Stunden pro Woche für die nebenberufliche Gründung? Ein schweres Unterfangen, denn die meisten Gründer haben so viel vor, dass Sie es nicht in den 24 Stunden, die ein Tag nun einmal hat, unterbringen können. Was also tun?

Lassen Sie uns Ihre Zeitaufteilung noch einmal analysieren: Stellen Sie sich folgende Fragen und ziehen Sie die Stunden in der Tabelle ab und radieren Sie sie aus, die Sie durch Umschichtungen „gewonnen" haben:

Welche Aufgaben können Sie an jemand anderes abgeben?

- Beispielsweise könnten Sie mit Ihrem Partner vereinbaren, dass dieser die Kinder wenigstens an einigen Tagen in der Woche vom Kindergarten abholt, den Einkauf übernimmt oder die Zubereitung der Mahlzeiten. Oder Sie engagieren eine Putzfrau, die Ihnen einen Teil der Hausarbeit abnimmt. Das ist günstiger, als Sie glauben – sie werden dabei auf „Kollegen" stoßen. Viele Menschen machen sich (nebenberuflich) mit einem Putzservice selbständig.
- Können Sie Vorstands-Ämter im Verein abgeben oder andere Positionen und dadurch Zeit für Ihr Projekt herausholen?
- Sind Sie bereit, auf Ihr Hobby für eine Weile zu verzichten? Vielleicht können Sie auch etwas kürzer treten? Oder Sie verbuchen die Zeit für Ihr Hobby unter der Kategorie „Zeit für mich". Das geht oft zulasten fauler Fernseh-Abende – ist also zu verschmerzen.
- Würden Ihre Freunde verschmerzen, Sie seltener zu sehen? Auch wenn Sie keinesfalls ganz darauf verzichten sollten, Ihre Freunde zu sehen – vielleicht lassen sich Aktivitäten miteinander verbinden? Wenn „Sport" etwas ist, was Sie unter „Zeit für mich" verstehen, könnten Sie ihn mit Freunden zusammen treiben.
- Können Sie die Zeit mit der Familie und Ihre Arbeit verbinden? Gerade bei handwerklichen Tätigkeiten oder Arbeit ohne Kundenverkehr können Ihre Kinder im selben Raum spielen. Ältere Kinder helfen gern mit, wenn es darum geht, Werbe-Flyer zu verteilen oder einen Stand auf einem Stadtfest zu betreuen. Das können Sie wie einen Schüler- oder Ferienjob organisieren. Hier müssen Sie die gleichen Maßstäbe beim Lohn anlegen, wie wenn Sie fremde Schüler beschäftigen. Mehr dazu auf S. 122. Wenn Sie auf Messen fahren oder einen Kunden außerhalb besuchen, ist es vielleicht möglich, dies mit einem Familienausflug zu verbinden.

Zeitmanagement

Zuweilen sind die einfachsten Tipps diejenigen, die nicht oft genug betont werden können. Der verblüffend einfache und wichtigste Tipp lautet: „Machen Sie Pausen!“ Oft heißt es unter Selbständigen: „Man arbeitet selbst und ständig“ – ein grundfalscher Ansatz. Essen und trinken Sie regelmäßig, machen Sie Pausen und am Abend Schluss. Die Privatnummer an Kunden herauszugeben, um Tag und Nacht erreichbar zu sein, ist kein Zeichen von Professionalität, sondern von Unsicherheit. Wer immer gehetzt, müde und ausgelaugt wirkt, macht keinen kompetenten Eindruck.

Nach dem Start – alles unter einen Hut bringen

Eine der wichtigsten Lektionen im Zeitmanagement ist nicht etwa, wie man einen Kalender richtig führt oder Absprachen trifft, sondern, wie man Prioritäten setzt. Die größten Zeitfallen liegen in ziellosem Handeln – auch wenn das noch so effektiv organisiert ist. Die Zeit ist Ihre Ressource. Sie ist begrenzt und muss daher optimal im Sinne der Ziele eingesetzt werden.
Stellen Sie sich beispielsweise einen Hamster in einem Laufrad vor: Er rast und rast und das Rad dreht sich. Er tut das voller Inbrunst und sehr effektiv. Irgendwann wird er müde und hört auf. Wenn sein Ziel war, etwas für seine Hamster-Kondition zu tun und sich sportlich zu betätigen, war dies der richtige Weg. Wenn er jedoch von A nach B kommen wollte, eher nicht. Denn das Rad hat sich bewegt – doch nur auf der Stelle. Auch wenn es mit dem Beispiel logisch erscheint – an vielen Tagen handeln wir wie der Hamster – wir ackern und hasten durch die Zeit, ohne unserem eigentlichen Ziel näher zu kommen. Wir fallen Abends kaputt ins Bett, ohne das Gefühl zu haben „etwas geschafft“ zu haben. Höchste Zeit – bildlich gesehen, das Rad zu verlassen und einmal darunter zu sehen: Was hält es fest? Wo sind die Schrauben, mit denen es am Boden festgemacht wurde, und wie kann man sie lockern? Was also hält sie davon ab, vorwärts zu marschieren?

Nun – zunächst einmal – kennen Sie eigentlich Ihre Ziele?
Sie als Gründer sollten wissen:

- Was sind die Ziele der Gründung?
- Was will ich mit dem Unternehmen erreichen (für mich persönlich)?
- Was will ich im Unternehmen erreichen (wirtschaftlich)?

Wer das weiß, kann eine Vision entwickeln – darüber, wie die Zukunft aussehen soll, wenn alles ideal läuft. Kühn darf diese Vision sein – das wirkt motivierend und regt die Kreativität an. Und nicht nur die Unternehmensziele in Puncto Wachstum, Umsatz und Angestellte sind hier gemeint. Gründer sollten sich auch klar darüber sein, was ihnen die Gründung und die Unternehmensführung persönlich bedeutet und was sie ihnen bringen soll. Welchen Stellenwert soll das neue Unternehmen im Leben haben?

Der zweite Schritt ist weniger kühn: Aus der Vision sollen erreichbare Ziele werden.

TIPP

SMART-Ziele (engl. für schlau):

S pezifisch
M essbar,
A ktionsorientiert,
R ational und
T erminierbar

Oft nehmen sich Gründer eher vage Ziele vor.

Zum Beispiel: Ihr Ziel lautet: „Ich will mehr Kunden haben". Das ist kein SMART-Ziel. Analysieren sie es einmal nach den Kriterien von oben: Wie ist das Ziel erreicht? Schon mit einem weiteren Kunden? Wann ist das Ziel erreicht? Reicht es, wenn ich mich nächstes Jahr darum kümmere? Nächste Woche? Das alles bleibt unklar.
Nach den Kriterien von SMART umformuliert, lautet das Ziel besser: „Ich will bis September mindestens 10 neue Kunden in der Kartei haben".

- spezifisch: 10 neue Kunden in der Kartei
- messbar: es ist eindeutig – 9 sind zu wenig; Oktober ist zu spät
- aktionsorientiert: formulieren Sie Ihre Ziele nicht negativ – etwa wie: „Ich will keine Kunden verlieren" oder „Ich darf die Kundenaquise nicht vernachlässigen".
- rational: Ist es realistisch, 10 Kunden finden zu können? Wie viele haben Sie bisher pro Monat gefunden? Wie? Haben Sie eine neue Idee, um Kunden anzusprechen? Eine Werbekampagne? Eine neue Adresse? Eine neue Homepage?
- Terminierbar: Am 30. September können Sie überprüfen, ob Sie Ihr Ziel erreichet haben. Diesen Termin (beziehungsweise natürlich Ihren tatsächlichen Termin) sollten Sie sich sofort im Kalender notieren. Haben Sie erreicht, was Sie wollten? Falls nicht – woran lag es?

Ein Blick zurück bringt das Unternehmen nach vorn

Um bei den vielen kurzfristigen kleinen Aufgaben nicht den Blick für das Wesentliche zu verlieren, sollte man regelmäßig zum Ausgangspunkt zurückkehren. Dafür Zeit einzuplanen ist ebenso wichtig, wie einen Termin nächste Woche einzuhalten. Ideal ist ein fester Termin alle sechs Monate. Ein Tag, an dem Sie Ihre (schriftlich festgehaltenen) Ziele hervornehmen und genau analysieren. Wo stehen Sie – wohin wollten Sie? Nicht immer fallen die Antworten angenehm aus. Oft stellen Gründer fest, dass sie sich das ganze letzte Jahr nicht um ihr eigentliches Ziel gekümmert haben, sondern in den alltäglichen Aufgaben verloren gingen. Spätestens hier können Sie umsteuern.

Konzentration bringt Sie weiter

Weiterhin raten Experten im Bereich Zeitmanagement: Sie sollten wissen, was Ihre Kernkompetenzen sind, und sich auf diese konzentrieren. Fast jeder kennt das: Man bastelt stundenlang an einem perfekten Logo oder Briefkopf, statt erst mal Kunden anzusprechen. Nicht verzetteln, sondern delegieren, lautet die Devise. Vorgehen kann man dabei nach einem Prinzip, das Ökonomen nutzen: dem der Opportunitätskosten. Dabei wird der Preis für eine Leistung vom Fachmann – zum Beispiel einem Grafiker, der auf Logos spezialisiert ist und diese Aufgabe in kurzer Zeit erledigt – den Kosten gegenübergestellt, die der Unternehmer hätte, wenn er die Aufgabe selbst übernähme: Wie viele Stunden kostet es mich, das gleiche Ergebnis zu erreichen? Wie hoch ist mein eigener Stundensatz? Wenn dieser Betrag größer ist als die Kosten beim Fachmann, lohnt es sich auf jeden Fall, zu delegieren. Es ist auch sinnvoll, diese Rechnung im Nachhinein durchzuführen – also wenn Sie bereits in die Zeitfalle getappt sind, um ein besseres Gefühl dafür zu bekommen. Wie viel der professionelle Service kostet, finden Sie auf der Homepage von Anbietern heraus – oder mit einem Anruf. Das zu recherchieren kostet zusätzlich Zeit und möglicherweise Geld – darf also in der Analyse nicht vernachlässigt werden.

Opportunitätskosten-Rechnung
Lohnt es sich, zu delegieren?

1	Wie viel Zeit kostet es Sie potenziell, die Aufgabe selbst zu erledigen? Multiplizieren Sie diese Zahl mit Ihrem Stundensatz. So viel müssten Sie potenziell an sich selbst zahlen.	
2	Wie viel würde ein professioneller Service kosten (z.B. laut Angebot oder Preistabelle eines Dienstleisters)?	
3	Wie viel Zeit kostet es Sie potenziell, die Anbieter zu finden, zu beauftragen und die Zuverlässigkeit zu prüfen? Rechnen Sie: Stunden mal Ihren Stundensatz plus sonstige Kosten (Telefon, Briefe).	
4	Summe aus Kosten für den Service und Kosten für die Suche (2.+3.)	
5	Vergleichen Sie Ergebnis in 1. und in 4. – Lohnt es sich, den Service auszulagern?	Ja/Nein

Das kann auch für Aufgaben gelten, die man eigentlich selbst erledigen könnte – zu denen man sich aber nicht durchringen kann. Vorsicht: Zeitfalle. Es droht „Aufschieberitis". Es gibt einfach Dinge, die man so ungern macht, dass man sich dauernd davor drückt. Dabei geht viel Zeit verloren. Außerdem belastet es den Unternehmer und wirkt damit auch in anderen Aufgabenbereichen lähmend.

Ordnungstricks für nebenberufliche Gründer

Auch Ordnung im Büro ist ein wichtiger Faktor für Ordnung im Kopf und die Kontrolle über das Zeitbudget. Gründer, die in ihrem eigentlichen Beruf oder vorher leitende Angestellte waren, tun sich oft schwer, den Überblick zu behalten, wenn sie auf sich allein gestellt sind und keine Sekretäre oder Assistenten mehr haben. Plötzlich werden schon Dinge wie die Ablage und das Wegheften von Vorgängen ein Problem. Dabei ist es unheimlich motivierend, wenn man seine Unterlagen in Ordnung gebracht hat und beim nächsten Kundenanruf sofort die entsprechende Akte findet.

Besonders für nebenberufliche Gründer hat Ordnung eine große Bedeutung: Sie müssen in beiden Arbeitsbereichen Top-Leistungen bringen. Wenn Sie nicht aufpassen, geraten Sie leicht durcheinander. Sie vergessen Unterlagen für die eigene Firma im Büro und umgekehrt. Ständig scheint etwas im jeweils „falschen" Büro zu liegen. Dies trifft vor allem dann zu, wenn Sie in ihrem eigentlichen Job viele Freiheiten haben und auch mal im Sinne Ihrer eigenen Firma telefonieren können oder „private" Termine wahrnehmen. Je nach Möglichkeiten und Job könnten Ihnen ein paar Tricks helfen, typische Probleme von Gründern nebenbei zu lösen. Der wichtigste Rat dabei ist: Bilden Sie Rituale – gewöhnen Sie sich bestimmte Arbeitsabläufe an, die Sie immer auf gleiche Weise wiederholen. Zunächst müssen Sie sich daran erinnern, nach einer Weile wird Ordnung zur Gewohnheit.

Lösung A: „Politik des leeren Schreibtisches":
Immer, wenn Sie ein Büro verlassen, planen Sie ausreichend Zeit ein, den Schreibtisch ganz leer zu räumen und damit einen Überblick darüber zu bekommen, was auf diesem Arbeitsplatz unerledigt geblieben ist.

Lösung B: „Zwei Jobs – Zwei Taschen":
Achten Sie konsequent darauf, die Unterlagen für Ihre zwei verschiedenen Stellen in unterschiedliche Taschen zu stecken (oder in unterschiedliche Fächer innerhalb einer Tasche). Dann haben Sie immer die gerade gebrauchten Unterlagen parat. Nachteil: Bestimmte Dinge wie Terminkalender, Stifte, Taschenrechner, Handy usw. haben sie nur einmal – nicht vergessen, sie umzupacken.

Lösung C: „Listen, Listen, Listen":
Halten Sie detailliert fest, was Sie für einen Termin benötigen, und packen Sie Ihre Arbeitstasche wie Kinder ihren Rucksack für die Ferien: nach einer detaillierten Liste. Eine allgemeine Checkliste mit Dingen, die sie immer brauchen, können Sie vorbereiten und ausdrucken (und dann abhaken). Dazu kommen ein paar Zeilen für spezielle Dinge. Stellen Sie sich eine Raumausstatterin vor, die ihren ersten Besuch beim Kunden macht. Sie sollte neben den Musterbüchern auch eine Mappe mit Beispielen zur Gestaltung und Empfehlungen von früheren Aufträgen mitnehmen. Wenn die Kunden besondere Wünsche haben, muss sie schnell einen Preis nennen können – braucht also auch Preislisten. Wenn sich die Kunden nicht gleich entscheiden, sollte Sie eine Firmenbroschüre

oder mindestens eine Visitenkarte hinterlassen werden – alles Dinge, die sich bei einem neuen Auftrag wiederholen. Einmal die Gedanken festzuhalten und als Checkliste auszudrucken lohnt sich. Solche Listen sind auch hilfreich, wenn Sie mit Hilfskräften zusammenarbeiten oder später eigene Angestellte haben. So können Sie sich darauf verlassen, dass auch diese an alles denken.

So könnte Ihre Checkliste aussehen

	Eingepackt?
Handy	
Kalender	
Taschenrechner	
Stoffproben	
Musterbuch	
Maßband	
Visitenkarten	
Notizbuch	
Vordruck für neuen Auftrag	
Mappe mit Referenzen	
Firmenbroschüre	
.....	
.....	

Lösung D: Achtung, jetzt kommt ein Karton!

Vor allem wenn Sie zunächst zu Hause arbeiten und keinen abgeschlossenen Raum haben, sondern sich das Arbeitszimmer mit ihrem Partner oder den Kindern teilen, kann es sich lohnen, mit Kisten zu arbeiten. Das können einfache Klappkisten aus dem Supermarkt sein oder (wohnlicher) Weidenkörbe oder Ähnliches. In diesen Kisten verschwinden die Utensilien, die Sie brauchen, nach getaner Arbeit. So sind alle Dinge beieinander. Das „in die Kiste packen“ hilft außerdem als Ritual, um Arbeit und Freizeit zu trennen. Nachdem Sie die Arbeit in die Kiste gepackt haben, gilt der Rest des Tages als Freizeit.

Alarmzeichen: Wann Sie kürzer treten sollten

Hören Sie auf Ihre innere Stimme. Wenn Ihnen der Körper signalisiert, dass er überlastet ist, sollten Sie diese Warnungen ernst nehmen und kürzer treten, denn wenn Sie sich Ihren eigenen Körper zum Gegner Ihres Projektes machen, sinken die Erfolgschancen. Erste Warnsignale: Sie sind immer schlechter konzentriert – sie sitzen am Schreibtisch, doch der Arbeitsfluss wird ständig davon unterbrochen, dass Sie an etwas anderes denken. Sie können sich Sachen nicht mehr so gut merken. In diesem Fall reicht es meist, den Schreibtisch einfach für diesen Tag Schreibtisch sein zu lassen. Selbst, wenn er voller Arbeit liegt. Seien Sie ehrlich – würde diese Arbeit von Ihnen gut erledigt werden? Ein freier Nachmittag und ein frischer Start am nächsten Morgen bringen da allemal mehr.

Ernste Warnsignale: Sie sind ständig „fahrig“ und kommen auch in den Stunden, die Sie für die Entspannung nutzen könnten, nicht zur Ruhe. Sie haben ständig kleine „Unfälle“ (Sie schneiden sich, stolpern, und stoßen sich andauernd). Sie können kleine Gedulds-aufgaben nicht mehr lösen, ohne fünfmal neu beginnen zu müssen oder gereizt zu sein – etwa wenn ein Reißverschluss klemmt oder die Schuhbänder verknotet sind. Sie stellen ständig fest, dass Dinge „an Ihnen vorbeigehen“, dass Sie zwar anwesend sind, aber schon fünf Minuten später nicht mehr wissen, worüber gerade gesprochen wurde. Diese Zeichen sind wirklich ernst. Nicht nur Ihre Gesundheit, sondern auch Ihre Firma geraten in Gefahr, wenn Sie so weitermachen. Höchste Zeit, kürzer zu treten. Niemand verlangt Wunder von Ihnen.

TIPP

Fallen vermeiden und Freiräume gewinnen: 10 Tipps zum Zeitmanagement

Zeitfallen vermeiden ...

Zeitfalle 1: Eile – wer übereilt handelt oder entscheidet, neigt zu Fehlern oder falschen Einschätzungen, die später mehr Zeit kosten, als am Anfang gespart wurde.

Zeitfalle 2: Zu enge Zeitplanung – fast täglich ergeben sich Störungen im Zeitplan. Ihr Kind hat Bauchweh, der Drucker streikt oder ein Gesprächspartner kommt zu spät und ein Termin verlängert sich. Für solche Fälle brauchen sie Puffer. Berater empfehlen, nicht mehr als 60 Prozent der Zeit fest zu verplanen.

Zeitfalle 3: Unklares Zeitgefühl – wenn Sie immer hinter Ihren Terminen herhetzen, kann das auch daran liegen, dass Sie die Dauer der einzelnen Aufgaben zu optimistisch einschätzen. Aufschluss gibt eine persönliche Zeit-Statistik. Begleiten Sie sich einmal selbst mit der Stoppuhr und führen sie genau Buch, um realistischer zu werden.

Zeitfalle 4: Zu wenig Erholung – Wer Pausen ausfallen lässt, wird immer schwächer und ist weniger produktiv. Wenn die Leistungskurve fällt, dauert jede Aufgabe länger und die „gewonnene" Zeit ist wieder „verloren".

Zeitfalle 5: Übertriebene Perfektion – Natürlich wollen Sie perfekt und zuverlässig sein – doch das hat seine Grenzen. Ein Auftraggeber zahlt einen Preis für Ihre Leistung und damit für einen bestimmten Grad an Perfektion. Der lässt sich bei Ihrem Stundenlohn in eine Anzahl von Stunden umrechnen, die Sie diese Aufgabe kosten darf. Wenn Sie diese Stundenzahl überschreiten, verschenken Sie Ihre Arbeitskraft.

Effektiver arbeiten

Effektivitätsgewinn 1: Wissen, was ich will – Fragen Sie sich: Was ist der Sinn meines Unternehmens? Was will ich damit für mich verwirklichen? Durch solche Überlegungen lassen sich Prioritäten festlegen. Wer nicht über solche Ziele nachdenkt, wird Galeerensklave der Ereignisse, statt selbst zu bestimmen, wohin die Reise geht.

Effektivitätsgewinn 2: Erreichen, was ich will – Brechen Sie langfristige Ziele auf kurzfristige Aufgaben herunter. Setzen Sie Ihre Ziele und Aufgaben nach dem „SMART"-Prinzip: Spezifisch, Messbar, Aktionsorientiert, Realistisch und Terminierbar.

Effektivitätsgewinn 3: Balance halten – Auch wenn eine Unternehmensgründung viel Arbeit macht, sie ist nicht Ihr ganzes Leben. Bei der Arbeit ist am effektivsten, wer auch in den anderen Lebensbereichen Balance hält. Familie, Freunde und ein gesunder

Körper sind Grundlage dafür – auch wenn es Zeit „kostet", Sport zu treiben oder mit der Familie zusammen zu sein.

Effektivitätsgewinn 4: Wissen, was sich zu delegieren lohnt – Berechnen Sie auch Ihre eigene Arbeitskraft nach dem Stundenlohn, den Sie bei Kunden verlangen. Dadurch können Sie herausfinden, welche Aufgaben am besten delegiert werden – nämlich diejenigen, für die Ihre Arbeitskraft zu teuer ist.

Effektivitätsgewinn 5: Klare Absprachen, eindeutige Termine – Setzen Sie Termine eindeutig und sprechen Sie Treffpunkt und auch die voraussichtliche Dauer konkret ab. So wissen Sie und Ihr Gesprächspartner vorher über den Zeitrahmen Bescheid. Die neue Verabredungskultur, bei der per Handy im letzen Moment bestimmt wird, wann und wo man sich trifft, kostet Zeit und Nerven.

6

Übergang in die Voll-Selbständigkeit Oder: Den Kopfsprung üben

Was Sie in diesem Kapitel erwartet:

- Welche Wachstumshemmnisse sich in Ihrem Firmenkonzept verstecken könnten und wie sie diese abbauen
- Woran Sie noch denken müssen, wenn Sie in die Vollselbständigkeit übergehen
- Was sich bei Renten-, Kranken- und Sozialversicherung ändert, wenn Sie den Schritt in die Vollzeit-Selbständigkeit wagen

Soll Ihre Firma wachsen?

Natürlich ist es legitim und auch sehr verbreitet, eine Firma auf Dauer nebenbei zu führen. Vielleicht mögen Sie die Abwechslung, vielleicht sind Ihnen andere Dinge zu wichtig, um sie aufzugeben, vielleicht schrecken Sie vor der Verantwortung zurück, ganz aus den Einnahmen Ihrer Firma zu leben – oder Ihre Familie zu ernähren. Viele Gründer, die nebenbei begonnen haben, merken jedoch bald, dass sie mehr wollen. Sie finden Gefallen an der eigenständigen Arbeitsweise oder spüren, dass die Nachfrage nach Ihrer Dienstleistung oder Ihrem Produkt größer ist, als das, was sie bisher leisten können.

Dann ist Wachstum angesagt. Und dass das nicht ganz einfach ist, erfahren Sie täglich aus den Nachrichten. Wenn Ihre Firma wachsen soll, ändern sich einige Anforderungen daran, wie Sie ihr Geschäft führen.

Wohin wachsen? Zunächst müssen Sie den Markt ganz neu analysieren und feststellen, welche Größenordnungen und Richt-ungen sich für das Wachstum eignen. Wohin haben sich Konkurrenten entwickelt? Ergeben sich neue Reibungspunkte? Welche Zusatz-Services sind inzwischen gefragt? Lassen sich Arbeitsschritte mit neuer Technik automatisieren? Lassen sich Services schneller erledigen?

Messen und Fachzeitschriften: Der Besuch von überregionalen Messen (als Gast oder auch als Aussteller) wird zur Pflicht, um die neusten Entwicklungen der Branche zu kennen. Wer bisher keine Fachzeitschriften gelesen hat, sollte damit unbedingt beginnen. Fachzeitschriften werden immer spezialisierter. Schauen Sie sich um auf *www.fachzeitschriften.de* – vielleicht gibt es einen neuen Titel, der genau zu Ihnen passt.

Netzwerke: Es gilt für Sie spätestens jetzt, Zeit und Energie in Netzwerke zu investieren. Sie können örtlichen Unternehmerverbänden beitreten und sich dort engagieren oder sich Branchennetzwerken oder bundesweiten Unternehmernetzwerken anschließen. Dort finden sich potenzielle Partner für gemeinsame Großaufträge, neue Ideen und Kontakte zu lokalen Geschäftsleuten und Politikern, die für die Verbreitung Ihres Services entscheidend sein können. Machen Sie sich einen Namen. Bieten Sie sich an, in Podiumsdiskussionen zur Existenz-gründung

als Beispiel-Unternehmer dazustehen, besuchen Sie Empfänge der IHK oder anderer Organisationen. Es gibt in größeren Städten auch Treffen, die organisiert werden, damit sich Unternehmer kennen lernen. So funktionieren zum Beispiel „Visitenkarten-Partys". Es geht dabei im Grunde zu wie auf einer Single-Party: Die Teilnehmer zahlen eine Gebühr. Es werden Profile erstellt und passende Unternehmer zusammengeführt. Visitenkarten werden ausgetauscht. Auch andere Möglichkeiten, sich zu vernetzen, werden durch professionelle Event-Manager oder Kammern organisiert. Falls dies in Ihrer Stadt nicht der Fall ist – machen Sie es selbst!
Bundesweite Verbände und Netzwerke unterstützen Unternehmer, die Landes- oder Regionalgruppen eröffnen wollen. Denkbar ist aber auch, selbst ein Netzwerk zu gründen. Es muss nicht gleich ein eingetragener Verein sein. Zunächst reicht schon ein regelmäßiger Stammtisch, um Kontakte zu knüpfen. Ein Aufruf in der lokalen Zeitung, die eine Meldung schreibt, und Aushänge bei Kammern und Beratungsstellen bringen Interessierte zum ersten Termin zusammen.

Businessplan schreiben oder aktualisieren: Gut geplant ist halb gewachsen: Jedem Gründer sei spätestens jetzt empfohlen, einen so genannten Businessplan zu schreiben (siehe Kapitel 4 in diesem Buch). Haben sie dies bereits für die Teilzeit-Selbständigkeit erledigt, sollten Sie ihn neu analysieren: Wo muss er erweitert werden? Passt er zu den neuen Ideen?

Gemeinsam stärker: Nun beginnt die Phase, in der Gründer von gestern womöglich Arbeitgeber werden und sich Angestellte oder Praktikanten in das Unternehmen holen. Es lohnt sich aber auch, Partnerschaften mit anderen Alleinunternehmern einzugehen oder Aufträge an andere Unternehmen zu vergeben. In die Wachstumspläne sollten Sie auch Kunden und Lieferanten einbinden. Vielleicht hat Ihr Lieferant seinerseits ebenfalls Pläne zu expandieren und kann Sie als Vertriebspartner aufbauen? Vielleicht hat er Produkte im Angebot, die zu Ihrer neuen Ausrichtung passen?

Wachstumshemmnisse – Woran hakt es, wenn Sie nicht weiterkommen?

Zu wenig Wissen: Als Gründer nebenbei reichen in Bezug auf Steuern und Buchführung Grundkenntnisse aus. Wenn Sie voll selbständig sein wollen, stoßen Sie damit aber schnell an

Grenzen. Sie sollten dringend Wissenslücken schließen und entsprechende Kurse besuchen. Wer später mit einer GmbH mehr als 30.000 Euro Gewinn erwirtschaftet, muss wie ein Konzern nach dem Handelsgesetzbuch bilanzieren – hier reicht ein kurzer Einführungskurs oft nicht mehr aus. Der Gründer braucht entweder fachkundige Hilfe (etwa ein Buchhaltungsbüro) oder muss nachsitzen.

Programme für Computer sind zu eng angelegt: Software und Datenbanken für Aufgaben wie Buchhaltung, Auftragsabwicklung, zur Erfassung der Kunden und der Koordination der Aufträge kann auch bei kleinen Unternehmen die Betriebsabläufe beschleunigen, Kosten einsparen und den Kundenservice verbessern. Doch zuerst ist da die Arbeit des Einrichtens, Anpassens und Installierens, die sich viele nicht zutrauen. Andere Gründer schrecken davor zurück, sich für ein System aus Tausenden auf dem Markt erhältlichen Programmen zu entscheiden. Denn was passiert, wenn alle 100 Kunden endlich in der Datenbank stehen, diese aber den neuen Anforderungen nicht mehr gerecht wird? Wenn die Daten plötzlich nicht mehr mit dem Buchhaltungsprogramm zusammenpassen oder eine Neuerung in der Telekommunikation andere Möglichkeiten der Datenerfassung zulässt und das Eintippen ganz umsonst war?
Natürlich wird es immer Neuerungen bei der Software für Unternehmensabläufe geben. Das sollte jedoch kein Grund sein, darauf zu verzichten. Schon für die Erstausstattung lohnt sich für Menschen ohne Computerkenntnisse der Weg zum Fachmann. Idealerweise zu einem Berater, der sich in der Branche auskennt und die Betriebsabläufe einschätzen kann. Auch die Konsultation von Fachzeitschriften lohnt sich. Auf die Auswahl von Software haben sich einige Unternehmensberatungen spezialisiert. Auch die Handwerks- und Handelskammern haben Spezialisten.

Persönliche Hemmnisse: Will ich das überhaupt? Wenn Sie mit dem Unternehmen nicht weiterkommen, kann es auch daran liegen, dass Sie es gar nicht wirklich wollen. Haben Sie vielleicht insgeheim Angst vor der Verantwortung? Wollen Sie alles in Wirklichkeit überschaubar halten? Ist Ihnen die Selbständigkeit an sich schon längst nicht mehr so angenehm, wie Sie am Anfang gedacht haben? Wenn sich solche Fragen in Ihrem Unterbewusstsein stellen, ist es kein Wunder, dass Sie nicht mehr „volle Kraft voraus“ fahren. Um dies herauszufinden, eignen sich Gespräche mit Ihrem Partner oder mit Freunden. Professionelle Hilfe finden

Sie bei Coaches oder Psychologen – diese sind geübt darin, die richtigen Fragen zu stellen. Hilfreich kann auch eine erneute Zielanalyse sein, wie wir sie in Kapitel 5 vorgestellt haben.

Falsche Rechtsform: Eine Rechtsform für Ihr Unternehmen, die am Anfang die richtige war, kann „zu klein" werden, wie ein Schuh. Wenn sich Ihre Unternehmensaufgaben vergrößern oder die Auftragsvolumina schwindelerregend werden, lohnt es sich, über Unternehmensformen nachzudenken, die Ihre persönliche Haftung beschränken. Auch wenn Sie Mitarbeiter einstellen wollen, sind andere Rechtsformen als die der BGB-Gesellschaft oder des Einzelunternehmens angebracht. Konsultieren Sie Ihren Steuerberater, Beratungsstellen oder einen Rechtsanwalt.

Controlling: Ein wachsendes Unternehmen kann leicht unübersichtlich werden. Schaffen Sie sich von Beginn an Mechanismen, um Einnahmen und Ausgaben zu kontrollieren. Rechnen Sie nicht nur nach, sondern auch „voraus" – wie sollten sich Ihre Umsätze entwickeln, um bestimmte Ziele zu erreichen, oder welche Kosten müssen sie senken, um Ihren Preis halten zu können. Es könnte sich für Sie lohnen, mit Kennziffern zu arbeiten, um einen schnellen Überblick zu bekommen. Solche Kennziffern sind beispielsweise das Verhältnis von Kosten und Einnahmen pro Auftrag oder der tatsächliche Stundenlohn. Von Anfang an sollten Sie Buch über Ihre tatsächliche Arbeitszeit führen und dies nach Aufträgen getrennt festhalten. So haben Sie im Blick, wie viel ein Auftrag wirklich bringt. Vielleicht lohnt es sich nicht, mit einem Auftraggeber zusammenzuarbeiten, weil Sie viel zu viel Zeit benötigen. Vielleicht müssen Sie Ihren Preis erhöhen. Im Computer-Programm „Access", das in den meisten Microsoft-Office-Paketen enthalten ist, gibt es für die Stundenabrechnung eine vorgefertigte Datenbank. Sie können aber auch einfach mit Tabellen auf Papier oder in anderen Programmen arbeiten.

Arbeitsstättenverordnung: Spätestens wenn Mitarbeiter eingestellt werden, greifen Bestimmungen zum Arbeitsschutz und zur Gestaltung der Arbeitsstätte. Nun müssen Arbeitsplätze eine bestimmte Menge an Fenstern haben oder Fluchtwege vorhanden sein. Wer mit Männern und Frauen zusammenarbeitet, muss getrennte Toiletten haben. Was heißt das für Sie als Gründer: Bevor Sie Geld in den Ausbau oder Kauf von Räumen investieren, denken Sie sich bereits größer. Machen Sie sich bei den Berufsgenossenschaften kundig über die Arbeitsstättenverordnung für Ihre Betriebsart und kalkulieren Sie das Wachstum mit ein. Auch wenn der Ausbau damit teurer wird – ein erneuter Umzug und ein Adresswechsel wird schwieriger. Auskünfte dazu gibt es bei Berufsgenossenschaften. Wichtige Hinweise und Checklisten zu diesem Thema bietet das Projekt Gesund und sicher starten (GUSS) auf seiner Seite: **www.guss-net.de**.

Übergang in die Vollselbständigkeit – das müssen Sie bei Renten-, Kranken- und Sozialversicherung beachten

Sobald Sie denn Schritt zur Vollselbständigkeit machen, müssen Sie auch bei Ihrer persönlichen Absicherung mit Veränderungen rechnen. Sie sind dann für Ihre Vorsorge selbst verantwortlich und müssen überlegt handeln.

TIPP

Überlegen Sie sorgfältig, ob Sie die gesetzliche Renten- und Krankenversicherung verlassen. Informieren Sie sich in jedem Fall vorher über die entstehenden Folgen! Verlassen Sie die gesetzliche Krankenkasse, gibt es möglicherweise kein Zurück mehr. Bleiben Sie im Zweifel zunächst gesetzlich versichert und wechseln dann mit Bedacht in private Absicherungsformen.

Rentenversicherung

Ihre Altersvorsorge kann und sollte auf mehreren Säulen beruhen. Grundsätzlich haben Sie zum einen die Möglichkeit, freiwillig in der gesetzlichen Rentenversicherung zu bleiben, zum anderen können Sie die Vorsorge auch ganz privat regeln. Natürlich ist auch eine Kombination aus beiden Elementen möglich und sinnvoll.
Zunächst ist zu beachten, dass die aus Ihrer Zeit als Arbeitsnehmer entstandenen Rentenansprüche natürlich weiter bestehen, wenn Sie mindestens 60 Monate lang in der gesetzlichen Rentenversicherung pflichtversichert waren. Die Altersrente aus dieser Versicherung hängt immer von der Dauer der Versicherung und der in dieser Zeit gezahlten Beiträge ab.

Mit Blick auf die gesetzliche Rentenversicherung sind drei Fallgruppen von Bedeutung:

Sie gehören zur Gruppe der so genannten pflichtversicherten Selbständigen (mehr dazu finden Sie auf S. 60) und sind zur Mitgliedschaft in der gesetzlichen Rentenversicherung verpflichtet. Ihr Beitrag beträgt dann im Monat 477,75 Euro (Ost: 402,68 Euro, Zahlen für 2006), innerhalb der ersten drei Jahre können Sie den halben Regelbeitrag entrichten. Diese Beiträge sind unabhängig vom tatsächlichen Einkommen aus der Selbständigkeit. Die genannten Beiträge sind relativ hoch, allerdings haben Sie die Möglichkeit, auch eine einkommensbezogene Berechnung Ihres Beitrages zu beantragen. Dann müssen Sie ihren Einkommensteuerbescheid vorlegen und vom Gewinn aus der selbständigen Tätigkeit den vollen Beitrag an die gesetzliche Rentenversicherung (zurzeit 19,5%) zahlen.

• Wenn Sie nicht pflichtversichert sind, haben Sie weiterhin grundsätzlich die Möglichkeit, auch mit dem Übergang zum Vollselbständigen freiwillig Beiträge zu zahlen und damit die Ansprüche auf eine Altersrente zu sichern bzw. weiter zu erhöhen. Als Beitrag können Sie jeden Beitrag zwischen dem Mindest- und dem Höchstbeitrag frei wählen (2006: 78 Euro bzw. 1023,75 Euro (Ost: 858 Euro)). Innerhalb von drei Kalenderjahren nach Beginn der Selbständigkeit können Sie auf Antrag in die gesetzliche Rentenversicherung einzahlen. Wenn Sie weiterhin zumindest den Anspruch auf eine Erwerbsminderungsrente behalten wollen, können Sie den monatlichen Mindestbetrag (2005: 78 Euro) entrichten. Allerdings steht Ihnen diese Möglichkeit nur offen, wenn Sie zum Stichtag 31.12.1983 bereits die Wartezeit von mindestens 60 Monaten erfüllt hatten.

• Sie haben weiterhin die Möglichkeit, eine so genannte „Pflichtversicherung auf Antrag“ zu beantragen. Wenn Sie sich für diese Option entscheiden, unterliegen Sie den gleichen Regeln wie pflichtversicherte Selbständige, haben also auch keine völlig freie Beitragswahl wie in der freiwilligen Versicherung. Diese Versicherungsform bietet für einige Versichertengruppen Vorteile, z.B. mit Blick auf Erwerbsminderungsrenten oder Rehabilitationsleistungen. Da Sie jedoch als Selbständiger aus dieser Versicherungsform nicht wieder austreten können, will der Schritt gut überlegt sein. Lassen Sie sich daher bei den örtlichen Beratungsstellen der Rentenversicherungsträger informieren.

Vergessen Sie nicht, dass für eine Vielzahl von selbständigen Berufen eine gesetzliche Versicherungspflicht besteht (vgl. Kapitel 3).

Wenn Sie zum Kreis der pflichtversicherten Selbständigen gehören, müssen Sie sich innerhalb von drei Monaten nach Beginn der selbständigen Tätigkeit bei der BfA bzw. der Künstlersozialkasse melden.

Nehmen Sie diese Meldepflicht ernst, da von Ihnen rückwirkend Beiträge für bis zu vier Jahre verlangt werden können. Eine solche böse Überraschung kann Sie in Ihrer Existenz gefährden!

Neben der Absicherung im Rahmen der gesetzlichen Rentenversicherung sollten Sie eine für Ihre spezielle Lebenssituation entsprechende Strategie der Alterssicherung aufstellen. Hier zu stehen Ihnen eine Vielzahl von Instrumenten zur Verfügung, denken Sie etwa an Immobilieneigentum, private Rentenversicherungen, Fondssparpläne etc. An dieser Stelle kann keine allgemeingültiges Vorgehen genannt werden, vielmehr müssen Sie sich frühzeitig beraten lassen. Als Selbständiger stehen Ihnen große Wahlmöglichkeiten zur Verfügung. Angesichts der Unsicherheit gesetzlicher Renten entscheiden sich viele Selbständige für die private Alterssicherung, die zumeist eine höhere Rendite der eingezahlten Beiträge in Aussicht stellt. Dabei variieren die Bei-träge zu einer privaten Rentenversicherung mit Eintrittsalter, Ge-schlecht, vereinbarter Rentenhöhe etc.

Kranken- und Pflegeversicherung

Als Vollzeitselbständiger müssen Sie sich selbst absichern. Grundsätzlich gibt es für Sie hier zwei Optionen: die Weiterversicherung in der gesetzlichen Krankenversicherung oder der Wechsel in die private Krankenversicherung.
Für einen Verbleib in der gesetzlichen Krankenversicherung spricht insbesondere die beitragsfreie Familienversicherung, die eine vergleichsweise günstige Absicherung für alle Familienmitglieder ermöglicht. Zudem findet keine Gesundheitsprüfung statt und die Beiträge sind unabhängig von Alter und Geschlecht. Allerdings ist der Leistungskatalog begrenzt und Sie haben keine völlige Arztwahlfreiheit, da Sie nur von Ärzten mit Kassenzulassung behandelt werden. Als Selbständiger zahlen Sie den vollen Beitrag alleine, während Sie bisher den 50%igen Arbeitnehmeranteil getragen haben.

Dagegen muss sich bei der privaten Krankenversicherung jedes Familienmitglied selbst beitragspflichtig versichern. Dabei sind insbesondere für jüngere Mitglieder vergleichsweise günstige Beiträge möglich, diese steigen jedoch mit dem Alter an. Überspitzt gesagt, bekommen Sie den Krankenversicherungsschutz dann günstig, wenn Sie männlich, jung und gesund sind. Wenn Sie jedoch weiblich, älter und mit Vorkrankheiten versehen sind, wird es teuer. Beispielsweise kosten Grundtarife mit 300 Euro Selbstbeteiligung für einen 30-jährigen Mann ca. 120 Euro im Monat, gleichaltrige Frauen zahlen schon etwa das Doppelte. Wenn Sie jedoch weitere Leistungen wie etwa Krankengeld oder Mutterschaftsgeld in Anspruch nehmen wollen, sind zusätzliche Beiträge fällig. Die beiden genannten Beispiele sind bei den gesetzlichen Krankenkassen im Leistungsumfang enthalten.

Zudem müssen Sie eine wichtige Grundregel beachten: Wenn Sie als Vollselbständiger aus der gesetzlichen Krankenversicherung ausscheiden, können Sie in der weiteren Zukunft nicht wieder als Selbständiger Mitglied werden. Eine Rückkehr ist allenfalls wieder als Angestellter möglich, doch Sie gehen ja davon aus, dass Sie bis auf weiteres Ihr eigener Chef sein werden. Daher muss diese Entscheidung sorgfältig abgewogen werden. Auch die Idee, sich in späteren Lebensjahren anstellen zu lassen und so über diesen Weg wieder in die gesetzliche Versicherung zurückzukehren, funktioniert nicht. Eine Rückkehr über den Angestelltenstatus ist nur bis zum 55. Lebensjahr möglich, danach ist der Weg zurück in die gesetzliche Krankenversicherung versperrt.

War in der Vergangenheit die individuelle Zusammenstellung verschiedener Versicherungsleistungen (z.B. Chefarztbehandlung) eine der Stärken der privaten Krankenversicherung, so hat sich dies mittlerweile relativiert. Immer mehr gesetzliche Krankenversicherungen bieten ihren Mitgliedern zusätzlich wählbare Leistungspakete an, so dass sie ihren gewünschten Versicherungsumfang zusammenstellen können. Zudem werben immer mehr Gesetzliche mit Bonusprogrammen und Beitragsrückerstattungen, die sich speziell an die Gruppe der freiwillig Versicherten wenden.

Wenn Sie einen Wechsel in die private Krankenversicherung erwägen, müssen Sie sich ausführlich beraten lassen. Die Verbraucherzentrale vor Ort ist eine erste gute Adresse. Wenn Sie unter verschiedenen Versicherern wählen möchten, lassen Sie sich verbindliche und schriftliche Angebote geben, die Sie dann in Ruhe miteinander vergleichen. Dabei kommt es nicht nur auf die reine Beitragshöhe an, sondern vielmehr darauf, ob die angebotenen Versicherungsleistungen Ihrem Bedarf und Ihrer Lebenssituation gerecht werden. Ein Tipp zum Schluss: Einige

Branchen- und Berufsverbände bieten Ihren Mitgliedern entsprechende Versicherungspakete an. Diese können nicht nur finanziell vorteilhaft sein, sondern gehen auch gezielt auf die Bedürfnisse bestimmter Berufe ein.

Zum Weiterlesen:

BfA – Bundesversicherungsanstalt für Angestellte: Selbständige und ihr Schutz in der Rentenversicherung, über **www.bfa.de**

WISO-Krankenkassenberater. Gesetzlich oder privat? Kassenwechsel – Zusatzversicherungen, Redline Wirtschaft bei Ueberreuter 2002.

7. Zum Schluss

Wir hoffen, wir konnten Sie motivieren, es einfach zu versuchen. Wir wollten Ihnen im Aufzeigen der Notwendigkeiten keinesfalls den Mut nehmen, sondern Ihnen helfen, es richtig anzugehen und damit den Grundstein für eine erfolgreiche Tätigkeit als Unternehmerin oder Unternehmer zu legen. Alles in allem nehmen die Formalitäten nur wenige Tage ein. Die übrigen Vorbereitungen nützen unmittelbar Ihnen und Ihrem Unternehmen. Wenn Sie möchten, besuchen Sie uns unter www.nebenbei-selbständig.de auf unserer Homepage und berichten Sie von Ihren Erfahrungen.

Stichwortverzeichnis

Die Autoren:

Karin Leppin lebt in Berlin und ist seit zehn Jahren Journalistin. Sie arbeitete acht Jahre davon neben Studium und Beruf selbständig für verschiedene Zeitungen und Zeitschriften, sowie für das Fernsehen. Ihre Schwerpunktthemen sind: Unternehmensgründungen, Karriere-Themen und Wirtschaftsberichte aus den neuen Bundesländern. Inzwischen ist sie als Vollzeit-Selbständige im Journalismus tätig und gibt nebenbei Gründerseminare.

Konar Mutafoglu lebt in Göttingen. Er ist Wirtschaftswissenschaftler mit den Schwerpunktthemen Steuern, Finanzen und Versicherungen und befasst sich auch mit wirtschaftspolitischen Fragestellungen.